CHAPELLE DE S FRANÇOIS XAVIER DANS LILE DE SANCIAN

LETTRES

DE

Mᴳᴿ GUILLEMIN, EV. PRÉF. APOST.

DU QUANG-TONG ET QUANG-SI (CHINE)

SUR L'ERECTION DE LA CHAPELLE

DE S. FRANÇOIS XAVIER

DANS L'ILE DE SANCIAN

ET QUELQUES AUTRES FAITS RÉCENTS DE LA MISSION

1° Voyage au Tombeau de S. François Xavier
2° Construction et bénédiction de la Chapelle
3° Emprisonnement d'une baptiseuse de la S. Enfance à Canton
4° Voyage à Pekin
5° Autres particularités sur l'œuvre de la S. Enfance

ROME 1870

IMPRIMERIE DE LA PROPAGANDE

ADMIN. PAR LE CH. P. MARIETTI

AUX

PIEUX FIDÈLES

qui nous ont aidés dans la construction

DE LA

CHAPELLE DE SAINT FRANÇOIS-XAVIER

DANS L'ILE DE SANCIAN

———∘◦∘◦▩◦∘◦∘———

Son Éminence, le Cardinal Barnabo, ayant bien voulu me proposer de faire imprimer à la Propagande les pièces relatives à la construction et à la bénédiction de la chapelle de Saint-François-Xavier, dans l'île de Sancian, j'ai réuni les différentes lettres écrites à ce sujet, et je les donne ici avec le récit de quelques faits particuliers, qui se sont passés dernièrement dans la mission de Canton.

Puisse ce tout petit et modeste opuscule, qui nous **montre** l'érection de la chapelle de Saint-François-Xavier et les progrès de la foi dans l'île où ce saint Apôtre a terminé sa glorieuse carrière, être agréable aux personnes auxquelles il sera offert, et leur dire la profonde gratitude que nous leur conservons, pour la part qu'elles veulent bien prendre à nos œuvres, qui deviennent dès lors les leurs, dans les pays lointains où nous allons porter la lumière de l'Évangile !

Rome, le 15 août 1870, fête de l'Assomption de la Très-Sainte Vierge.

† ZÉPHYRIN GUILLEMIN, EV.PRÉF.APOST.
du Quang-tong et Quang-si.

1ère LETTRE

—

VOYAGE AU TOMBEAU

DE S. FRANÇOIS XAVIER

DANS L'ILE DE SANCIAN

———

Extrait des annales de la Propagation de la foi
du 25 Janvier 1867.

A MM. LES DIRECTEURS
DE L'ŒUVRE DE LA PROPAGATION
DE LA FOI.

———

MESSIEURS ET TRÈS HONORÉS DIRECTEURS,

Un nouveau point bien intéressant vient de s'ouvrir à la propagation de l'Evangile dans la province de Canton : je veux parler de Sancian, l'île où est mort le glorieux S. François Xavier. La Chine, il est vrai, n'a pas eu le bonheur d'entendre la voix de ce généreux Apôtre, mais elle a été l'objet de ses pensées et de ses désirs: elle a reçu son dernier regard et son dernier soupir; et c'est de là comme du dernier échelon de la vie, que son âme s'est envolée au céleste séjour, pour y recevoir la brillante couronne qu'il avait méritée par tant de travaux et de souffrances endurées pour la gloire de son Dieu. Toutes ces circonstances sont trop belles, trop touchantes, pour ne pas faire de ce point un lieu extrêmement remarquable en lui-même et cher à tous ceux qui s'intéressent à la gloire de S. François

Xavier et aux progrès de l'Evangile. Aussi, lui avons-nous consacré tous les soins et l'attention dont nous sommes capables.

Premières tentatives pour se rendre à Sancian.

Depuis 18 ans que j'ai mis le pied sur le sol chinois, j'avais toujours désiré visiter cette terre bénie, sans pouvoir réaliser un projet appelé par tant de vœux. D'une part, les pirates qui infestent ces côtes, d'une autre part les guerres intestines que ces peuples eurent à soutenir entre eux, avaient toujours apporté des obstacles à l'accomplissement de nos désirs. Une fois entre autres, tous les jeunes missionnaires de la Procure réunis, nous avions combiné une expédition, qui semblait présenter toutes les chances de succès; tous nos préparatifs étaient faits, et déjà nous avions arrêté la barque qui devait nous conduire; mais le jour du départ arrivé, les bateliers vinrent nous annoncer qu'ils ne pouvaient pas partir et demandèrent à rompre leurs engagements. On comprend, en effet, qu'ils devaient avoir peu d'entrain à s'aventurer, à 50 lieues de Hong-Kong, au milieu d'îles inconnues et dont l'aspect seul inspirait une certaine frayeur à ceux qui en approchaient.

D'autres fois, nous arrivions jusqu'aux rivages de la Province qui avoisinent Sancian, et

lorsque, apercevant les montagnes élevées et né-
buleuses de l'île, nous demandions à aller jusque
là, tous nous répétaient que le pays était en
guerre, que la chose était impossible, et alors il
fallait bien se résigner, semblables en cela au
glorieux S. François Xavier, qui n'avait pu lui-
même arriver jusqu'au rivage que nous foulions
aux pieds.

Enfin, le 3 décembre 1866, fête du Saint,
on voulut faire une tentative plus régulière et
plus rassurante. Quelques personnes de Canton,
Hong-Kong et Macao ayant ouvert une souscription à cet effet, on loua un vapeur qui devait
conduire sûrement les passagers en ce lieu. Par
là, on n'avait à redouter ni les pirates, ni les
habitants du pays, mais il n'en fut pas ainsi de
la tempête. Au moment où nous arrivions, le soir,
à la tombée de la nuit, il s'éleva un vent si
violent et les vagues devinrent si agitées, que c'est
avec peine que les plus intrépides purent tenter une
descente à terre. Nous n'eumes que le temps de
gravir rapidement la colline, de nous agenouiller
un moment près du tombeau; puis, il fallut regagner immédiatement le vapeur, dans la crainte
que la bourrasque devenant plus forte, ne nous
coupât tout retour à notre navire. Le lendemain,
le vent était plus violent encore, et ne jugeant
pas prudent de me hasarder sur une mer aussi
orageuse, je restai à bord, où je dis la Messe aux

passagers qui étaient avec moi. Quelques personnes, au contraire, ayant voulu braver l'orage,
eurent toute la peine du monde à revenir, et leur
barque frappant violemment le vapeur, au moment
de l'abordage, plusieurs tombèrent à la mer et y
seraient certainement restées, sans les secours
rapides et multipliés que nous nous empressâmes
de leur donner.

Voyage par terre.

Rebuté par tant de tentatives infructueuses,
je résolus d'essayer la voie de terre, plus longue
à la vérité, mais plus sûre, et qui me permettait
au moins de prendre les mesures nécessaires pour
assurer le succès de mon voyage. Accompagné de
quatre chinois, dont deux catéchistes et deux de
nos grands élèves, nous nous mîmes en route par
l'intérieur de la Province, ayant 50 lieues à faire,
soit en barque, soit en chaise, soit à pied ; et
comme le but de cette excursion était tout religieux, je voulus revêtir mon habit épiscopal, la
première fois bien certainement qu'un semblable
vêtement était porté d'une manière ostensible dans
ces pays payens. Je n'eus pas à m'en repentir.
Les populations, surprises de voir un Européen
s'avancer tranquillement au milieu de la campagne, accompagné de sa petite suite et portant un
habit qui leur indiquait une dignité quelconque,
n'eurent que des égards et des prévenances pour

nous. Les soldats eux mêmes, occupés en ce moment à transporter des munitions de guerre d'un point à l'autre, nous cédaient avec empressement le pas en nous rencontrant, et nous offraient leurs bons services. Enfin, après 4 jours de marche, nous arrivâmes au dernier point de notre étape, c'est-à-dire, à la petite ville murée, qui se trouve sur les bords de la mer, en face de Sancian. Dès que la Sentinelle nous aperçut du haut des remparts, elle frappa du tamtam pour annoncer notre arrivée, comme celle de quelque grand personnage, et aussitôt une escorte de douze soldats, la lance en main, se trouva à la porte pour nous recevoir, et nous conduisit à l'hôtellerie, où mon premier soin fut d'envoyer ma carte au Mandarin pour le remercier. Le lendemain matin, nous montions la barque qui devait nous porter à Sancian, dont nous n'étions plus éloignés que de 7 à 8 lieues; et le même jour, samedi 12 janvier 1867, à 2 heures de l'après midi, poussés par un vent favorable, nous arrivions à la pointe de l'île, en face du tombeau du glorieux S. François Xavier !

Emplacement du tombeau.

Il serait difficile de dire l'impression qu'on éprouve, lorsqu'on découvre le rocher désert, où ce grand Saint, après avoir supporté tant de travaux pour Dieu, parcouru tant de régions, converti tant de milliers d'infidèles, venait terminer sa carrière, presque seul, couché sur une simple natte, abrité seulement par quelques branches de feuillage, et privé de tous les secours, dont il avait besoin en ce moment suprême.

Mais ce qui devait être plus sensible encore à son cœur, c'était de mourir à la vue de cette terre de Chine, dont ses yeux mourants apercevaient les lointains rivages, sans qu'il lui fut permis d'y entrer. Mais là, comme partout, l'homme de Dieu ne sut que s'incliner humblement devant les décrets de la divine Providence qui l'arrêtait: dernier acte de soumission, plus grand peut-être, plus méritoire que tous ses travaux et ses voyages, et qui terminait d'une manière héroïque la vie de cet homme si extraordinaire.

Efforts du Saint pour entrer en Chine.
Sa sainte mort.

Déjà, François-Xavier avait évangélisé les Indes, le Japon et quantité de royaumes intermédiaires, lorsque sa grande âme, embrassant l'immense étendue de l'Empire chinois, conçut le projet d'y porter aussi la lumière de l'Evangile. Aidé d'un ami riche et puissant, encouragé par le vice-roi des Indes, il avait préparé une ambassade pour l'Empereur de Chine, lorsque le Gouverneur de Malacca, piqué d'une secrète jalousie, s'opposa à l'exécution de ce projet, et fit enlever le gouvernail de son navire, au moment où le saint allait s'embarquer.

Privé de ce secours et de cet espoir, l'apôtre se jeta sur un autre navire qui faisait voile pour Sancian, petite île située aux portes de la Chine, afin de profiter de la première occasion qui se présenterait d'entrer dans l'intérieur de l'Empire. Là, en effet, se rendaient, chaque année, bon nombre de barques chinoises, qui venaient échanger leurs marchandises avec celles des Portugais , et l'on pouvait espérer naturellement que l'une d'elles consentirait à conduire le Saint dans l'intérieur du pays. Mais, à la première proposition qu'on leur en fit, tous les nautoniers reculérent d'effroi, dans l'appréhension des dangers auxquels ils s'exposeraient, en contrevenant à une des lois les plus formelles de l'Etat.

Un interprête, plus courageux que les autres, vint s'offrir pour cette périlleuse expédition. On convint du prix, et il partit pour aller prendre quelques dispositions nécessaires au succès de son voyage; mais, quelques jours après, il revint pour dégager sa parole, déclarant qu'il ne pouvait, à aucun prix, se charger d'une semblable entreprise.

Ce deuxième moyen ayant échoué, Xavier trouva un marchand qui, au moyen d'une forte somme d'argent, promit de le transporter jusqu'à Canton, mais à la condition qu'il le déposerait aux portes de la ville, et que là, le Saint lui-même se laisserait saisir et conduire auprès du vice-roi, pour lui exposer les motifs de sa démarche. Puis, pour assurer sa parfaite sécurité, il exigea du Saint la promesse formelle qu'il ne dirait jamais son nom. Enfin, il fut décidé que sur la barque que l'on prendrait, il n'y aurait que des enfants ou des hommes intéressés au secret; et ces dispositions arrêtées, le marchand partit pour aller prendre les moyens nécessaires à l'exécution de ses engagements.

Cependant, le Saint était descendu à terre, et les gens de l'équipage lui ayant élevé sur le rivage une petite cabane en bambous, c'est là qu'il demeurait, et que, chaque jour, il célébrait avec larmes l'auguste sacrifice de nos autels, demandant à Dieu de bénir son entreprise. Oh! combien humble et fervente devait être sa prière! combien de fois, soucieux et pensif, il dut s'avancer sur la rive, pour voir s'il n'apercevrait point enfin la barque si désirée! Il nous reste plusieurs lettres du Saint, écrites de ce lieu même, et dans lesquelles se révèlent tous les sentiments de sa tendre piété, et de son entière confiance en Dieu. « Je ne saurais me cacher, » écrivait-il, les dangers qui me menacent, et le » dur esclavage qui m'attend à Canton, si j'y suis » introduit; mais je ne crains point ces maux, et » je ne saurais estimer ma vie au prix d'aban- » donner l'opprobre et la croix de mon Sauveur!» Mais hélas! ses vœux ne devaient pas être accomplis, et comme le saint conducteur des Hébreux, il ne devait point entrer sur cette terre promise, dont il apercevait le rivage et les montagnes éloignées! Saisi une première fois de la fièvre, il resta quinze jours étendu sur sa natte, et ne se releva que pour voir l'abandon complet auquel il était livré.

La plupart des Portugais, après avoir terminé leurs affaires, s'éloignèrent de l'île. Le navire même sur lequel il était venu, lui refusa toute assistance, par crainte du Gouverneur de Malacca, en sorte qu'il se trouva seul et abandonné en ce lieu désert, avec deux serviteurs seulement. Saisi une seconde fois de la fièvre, mais d'une manière plus violente, il connut par révélation que sa fin approchait, et qu'il allait bientôt recevoir la récompense de ses longs travaux. Alors, résigné, remettant son sort entre les mains de Dieu, se soumettant de tout cœur aux décrets da sa divine Providence, le saint Apôtre ne songea plus qu'aux joies de l'éternité et au bonheur d'aller jouir de la présence de son Dieu. O Trinité sainte! s'écriait-il sans cesse, même au milieu de ses moments de délire, « O Trinité » sainte en qui j'ai espéré, pour qui j'ai toujours » travaillé, soyez-moi propice! Jésus, fils de David, » ayez pitié de moi! Vierge Sainte, montrez que vous » êtes ma mère!» —Enfin, le vendredi, 2 Décembre 1552, jour consacré à la mémoire du Sauveur des hommes, à deux heures de l'après midi, prononçant une dernière fois ces paroles de son entière confiance en Dieu: *in te, Domine, speravi, non con-*

fundar in æternum, il remit entre les mains de
son Créateur, son âme enrichie de tant de mérites
pour le Ciel.

Le Saint avait alors quarante six ans; il en
avait passé dix et demi dans les missions, au milieu des plus rudes travaux, endurés pour le service de son divin Maître. O douce et précieuse
mort! mort digne d'envie, environnée de tous les
délaissements et de toutes les privations qu'on
peut ressentir en ce monde, mais qui met le dernier
sceau à l'éminente sainteté de l'apôtre, et introduit son âme dans les splendeurs de la bienheureuse éternité! Que volontiers on baise cette terre
témoin de tant de merveilles, et comme imprégnée
du parfum d'un fin si consolante! Et combien, à
ce souvenir, on aime à répéter cette parole du
Prophête: *moriatur anima mea morte justorum,
et fiant novissima mea horum similia! que je
meure de la mort des justes et que ma fin soit
semblable à la leur!*

A peu de distance du lieu où le Saint expira,
se trouve un petite tertre, qui s'avance dans la mer,
et dont la partie supérieure présente une plate-
forme qui peut avoir de 60 à 80 pieds de diamètre. C'est là qu'Antonio de Sainte Foi, l'interprète
et le fidèle serviteur de François Xavier, aidé de
deux Indiens noirs, apporta son saint corps et le
déposa dans la terre, après l'avoir recouvert de
chaux vive ; puis il ramassa en ce lieu quelques

pierres éparses qu'il amoncela, afin de marquer la place de ces précieux restes.

Mais, le corps du Saint ne devait pas rester longtemps dans cet exil : le 17 février 1553, c'est-à-dire 77 jours après sa mort, le vaisseau la *Sainte-Foi,* étant sur le point de reprendre la mer, Antonio pria le capitaine de faire ouvrir le tombeau, afin de vénérer une dernière fois la dépouille mortelle de son saint maître et voir dans quel état elle se trouvait. Le corps s'était conservé intact, sans aucune trace de corruption, et comme animé par un sang frais et vermeil. La chaux n'avait altéré ni les chairs, ni les linceuls, et il s'en exhalait une odeur qui embaumait les environs. Frappé de ces merveilles, l'équipage entier voulut emporter le corps du Saint, qui arriva heureusement à Malacca quelque temps après. Toute la population accourut sur le rivage pour le recevoir : il était dans un état de conservation parfaite, et à peine eut-il touché terre, qu'une maladie pestilentielle qui désolait la ville, cessa immédiatement, Dieu voulant montrer par ce prodige et par bien d'autres qui s'opérèrent dans la suite, la sainteté de son serviteur, et le crédit dont il jouissait auprès de lui dans le Ciel.

Mais revenons à Sancian.

Le lieu, où fut enterré le Saint, est à peu près dans l'état où il se trouvait, il y a trois siècles. C'est, comme je l'ai dit, un petit monticule qui s'avance dans la mer : sa base est un bloc de granit, qui s'élève de 30 à 40 pieds au-dessus des eaux ; dans la partie supérieure se trouve la surface plane où furent déposés les restes de l'apôtre. Il n'y eut d'abord sur le tombeau qu'une simple pierre, qui y fut posée en 1639 par les Jésuites de Macao, avec cette inscription qu'on y lit encore :

« *A qui foi sepultado S. Francisco Xavier da Companhia de Jesus, apostolo de Oriente. Este padrao se levantou no anno 1639.* »

« *Ici fut enterré S. François Xavier, de la Compagnie de Jésus, Apôtre de l'Orient. Cette pierre a été posée en l'année 1639.* »

Première Chapelle construite sur le tombeau.

Soixante ans après, c'est-à-dire, en 1698, un navire français l'*Amphitrite* passant par ces parages, et se voyant assailli d'une violente tempête, eut recours à la protection de S. François Xavier, et les passagers firent vœu, s'ils étaient sauvés, d'élever une chapelle sur son tombeau. A peine avaient ils fait cette promesse, que la tempête cessa et qu'ils se virent hors de danger. Mais des obstacles insurmontables s'opposèrent alors à la réalisation de l'œuvre, et ce ne fut que deux ans après, c'est-à-dire en 1700, qu'elle fut reprise et exécutée par les soins des PP. Turcolli et Visdelou, missionnaires français à Canton.

Jouissant d'une pleine considération auprès des Autorités chinoises, ces deux Pères se présentèrent au Vice-roi, et lui demandèrent l'autorisation d'élever un monument sur le tombeau d'un de leurs frères, décédé depuis longtemps sur les premiers rivages de la Chine. Leur demande fut accueillie avec bonté : le Vice-roi leur donna un diplôme, dans lequel il déclarait qu'il prenait sous sa protection spéciale, non seulement leurs personnes et leur travail, mais encore tous les habitants de l'île, et il mit à leur disposition deux jonques armées en guerre, afin de les conduire, eux, leurs ouvriers et les matériaux nécessaires à la construction de l'édifice.

Arrivés à Sancian, les Pères se mirent immédiatement à l'ouvrage. Le petit monument qu'ils érigèrent, se divisait en trois parties, formant comme autant de gradins, qui s'échelonnaient sur le flanc de la montagne.

La première partie consistait en une plate-forme, où s'élevait une grande croix, placée en face de la route suivie par les navires. De là, on montait par cinq marches à une autre plate-forme qui était proprement le lieu de la sépulture. Sept autres marches conduisaient à un Sanctuaire supérieur dont le toit, à la mode chinoise, se terminait en pointe, avec un globe céleste et une Croix à son sommet : ce qui donnait à cette petite construction vue de loin, un aspect pittoresque et gracieux.

2

Enfin, le tout était fermé par un mur circulaire qui suivait la pente de la montagne, et mettait le mausolée à l'abri de toute profanation.

Grâce à ces soins, il subsista pendant quelque temps ; mais la violente persécution de 1724 à 1732 ayant chassé les missionnaires de Canton et de la province, ce sanctuaire eut le sort de tant d'autres chapelles élevées sur le sol chinois, et qui furent ou démolies, ou vendues, ou converties en pagodes.

Aujourd'hui, on n'y trouve plus que des ruines, mais ruines précieuses qui établissent, d'une manière irréfragable, nos droits sur ce point, et qui, dans leur muet langage, parlent à l'esprit et au cœur d'une manière plus touchante que tout ce que l'on pourrait y voir de plus beau. Elles nous représentent mieux l'état d'abandon où devait se trouver l'apôtre des Indes et du Japon, lorsque gisant sous un toit de feuillage, abandonné de tout le monde il terminait en ce lieu sa sainte carrière. Oh ! qu'on aime à considérer cette plage lointaine ! Comme l'esprit se plait dans la pensée des grandes choses qui s'y sont passées autrefois ! Chaque matin, je venais y célébrer la Sainte Messe, sous une tente de bamboux que nous y avions élevée, et là, j'aimais à méditer sur la vie et la mort de l'apôtre, qui a tant travaillé pour la gloire de Dieu et la propagation de l'Evangile. J'aimais surtout à rappeler à mon esprit cette parole que déjà l'idée de son tombeau nous avait inspirée, et qui, était venue comme d'elle même, se placer dans les armes de la mission: *In morte vita!* Il est bon, en effet, que le missionnaire meure à lui-même comme ce grand apôtre! Car, c'est dans cette mort volontaire, dans ce renoncement et ce sacrifice de tous les jours, que nos pauvres païens trouvent la vie que nous leurs apportons, et que nous-mêmes nous rencontrons le salut éternel, que N. S. nous a promis, lorsqu'il nous disait: *qui perdiderit animam suam propter evangelium, salvam faciet eam!*

Cependant, en priant pour moi, je ne devais pas oublier, qu'au delà des mers, sur une terre bien éloignée, je compte bon nombre de parents, d'amis, de bienfaiteurs qui me sont chers, et qui, par leur charité, m'aident puissamment à répandre la lumière de l'Evangile sur cette terre infidèle. Aussi, longtemps avant d'arriver à Sancian, lorsque, couché au fond de ma barque, je n'avais qu'à m'entretenir des pieuses pensées de mon voyage, je pris leurs noms et les écrivis sur une liste que, pendant huit jours, j'ai déposée sur l'autel, en célébrant la sainte Messe : ce qui formait une sorte de neuvaine, pendant laquelle, chaque jour et de tout cœur, je les ai recommandés à Dieu. Et qu'ai-je donc demandé pour eux? Après avoir prié Dieu de leur accorder, à tous en général et à chacun en particulier, les dons temporels qu'ils pouvaient désirer, chacun selon ses besoins et dans

l'ordre de la divine Providence, la grande grâce
que j'ai sollicitée par l'intercession du glorieux apôtre des Indes et du Japon, c'est que nous tous,
nous fissions une sainte mort comme lui, et que,
séparés ici-bas, nous fussions tous réunis dans les
splendeurs de la bienheureuse Eternité. Car, après
tout, c'est bien l'unique chose désirable en ce
monde et en l'autre : si nous l'obtenons, tout est
gagné, comme aussi, si nous la perdions, tout
serait éternellement, et irréparablement perdu.
Dieu veuille exaucer mes vœux ! Et afin d'en laisser
le souvenir à mes amis et bienfaiteurs, je l'ai consigné avec leurs noms sur un certain nombre
d'images que j'ai déposées sur le tombeau du Saint,
pendant la célébration de la Sainte Messe ; et ce
sera une vraie satisfaction pour moi de les leur
envoyer plus tard.

Excursion dans l'Ile. Ses productions.

Après avoir rendu mes devoirs au tombeau de
notre Saint Patron, j'avais à faire connaissance
avec le restant de l'île, afin de mieux juger des
moyens à employer pour y répandre la bonne nouvelle de l'Evangile. Dès le lendemain de mon arrivée, après avoir célébré la Sainte Messe, munis
du bâton de pélerins, nous nous mîmes à parcourir
le pays et à escalader les hautes et rapides montagnes qui en couvrent le sol.

L'île entière, avec tous ses contours, peut avoir environ quinze lieues de circuit, et trois lieues de large. A part quelques bouquets d'arbres qu'on aperçoit de loin en loin, la plupart des montagnes sont incultes, comme celles de la Chine, et dans les vallées seulement se trouvent les rizières qui nourrissent les habitants. Autrefois, on y voyait quantité de tigres, la terreur et le fléau du pays, mais S. François Xavier, dit-on, les fit disparaître. Une nuit qu'ils s'étaient réunis en grand nombre autour des habitations, faisant retentir les montagnes de leurs longs rugissements, le Saint, armé seulement de son bâton, alla au devant d'eux, et leur commanda, au nom de Dieu, de s'éloigner. A la voix toute puissante du serviteur de Dieu, il prirent la fuite et disparurent complètement, en sorte qu'aujourd'hui, l'île n'a plus à s'inquiéter de la présence de ces redoutables ennemis.

En revanche, on y trouve de petits singes, malins et inoffensifs, qui font l'agrément des bocages qu'ils habitent, une foule d'oiseaux curieux, quantité de fleurs remarquables et surtout des orchis qui se cachent dans le lit humide des torrents. On y voit aussi d'énormes serpents qui se jettent avec voracité sur les animaux qu'ils rencontrent, les serrent de leurs longs replis, les étouffent et les dévorent. Mais, généralement, ils respectent l'homme et l'on a peu d'accidents à déplorer de ce côté là. Quelquefois, des baleines paraissent au loin sur la surface de la mer, et tout dernièrement l'une d'elles s'étant approchée du rivage, causa la plus grande frayeur aux habitants, déjà tout tremblants dans la crainte qu'elle ne rompît et emportât leurs filets : ce qui eût été une grande perte pour eux. Aussi, les hommes de plusieurs villages s'étant réunis, et étant montés sur leurs barques, allèrent au devant d'elle, frappant à coups redoublés leur infernal tamtam, afin de l'effrayer. Le géant eut peur, et disparut dans l'immensité de eaux. A cette occasion, nous apprîmes à ces bonnes gens, comment l'on procède à la pêche à la baleine, et combien la capture d'une seule peut rapporter de bénéfice ; mais nos renseignements firent peu d'impression sur eux : ce qu'ils demandent, c'est de n'être point visités par ce terrible colosse et de n'avoir pas à se mesurer avec lui.

Simplicité et honnêteté des habitants.

Parcourant le pays, en suivant les petits sentiers que nous trouvions tracés çà et là, nous rencontrâmes une vingtaine de villages pauvres, mais agréablement situés au pied des montagnes et environnés d'une ceinture de grands arbres, qui les mettent à l'abri des ardeurs du soleil. Les maisons sont en terre battue et recouvertes de tuiles, que les habitants vont chercher sur le continent. La population est de 8 ou 10,000 âmes: bonne et simple population qui nous a accueillis avec plaisir, et qui montre bien que le bonheur de la vie est indépendant de ce raffinement de civilisation qu'on nous vante tant aujourd'hui. Dans toute l'île ne se trouvait pas une seule montre, et la première que les habitants eussent vue, est celle que je portais sur moi, et que je dus leur faire voir, à tous moments et dans tous les sens. A peine ai-je pu rencontrer une mauvaise scie, pour couper quelques bâtons que je voulais emporter. Là, point de fenêtres aux habitations, ni rien de ce qui ressent les recherches de la vie. Mais, d'une autre part, quelle droiture, quelle simplicité de mœurs, quelle sécurité dans les rapports de la vie! Les portes sont sans serrures, et, en réalité, quel besoin peut-on en avoir dans un pays où le vol est complétement inconnu! Les animaux domestiques, tels que le buffle, le porc, la volaille, restent au milieu de la rue ou dans les champs, sans qu'il s'en perde jamais aucun. L'occupation la plus ordinaire des habitants est la culture du riz, la pêche, et la coupe du bois dans les montagnes; mais, quand ils vont au travail, c'est toujours par groupes séparés, les hommes se dirigeant d'un côté, les femmes d'un autre, et ne s'occupant jamais du même travail à la fois.

Rencontrant un jour une longue bande de femmes qui revenaient du bois, chargées de leurs fardeaux, je me détournai de quelques pas, pour les laisser passer : or, aucune d'elles ne leva les yeux pour me voir; ce qui pourtant eût été chose bien simple à l'égard d'un étranger qu'elles n'avaient jamais vu; tant il y a parmi ces bonnes gens de réserve et de modestie naturelle!

Une autre fois, nous rencontrâmes une longue file de jeunes gens et de jeunes filles qui accompagnaient une litière. C'était une noce. La marche était ouverte par les jeunes gens du village du futur, lesquels étaient venus chercher la jeune fiancée et la reconduisaient au son de leurs bruyants instruments. Celleci venait ensuite portée dans sa chaise hermétiquement fermée. Ses jeunes compagnes d'enfance la suivaient, portant chacune quelque objet à son usage. Dès que nous fumes en présence du cortège, quelques jeunes gens se détachant du groupe, vinrent poliment nous inviter à aller boire le vin chez eux, expression chinoise pour convier à un festin. Nous les remerciâmes de notre mieux: mais pendant toute cette scène curieuse et intéressante, la jeune fiancée resta constamment renfermée, sans se montrer et sans chercher à voir. Ses compagnes imitèrent sa réserve et dans toute cette marche et dans plusieurs autres circonstances où j'ai pu me trouver, je n'ai rien rencontré qui pût offenser la plus stricte modestie.

Aussi, espérons nous, avec la grâce de Dieu, faire de nombreux prosélytes au milieu de cette population simple et honnête. Déjà, le 10 Janvier dernier, un bon habitant de l'île apportant au Père ses objets religieux, je veux dire ses papiers dorés et ses tablettes des ancêtres, les brula en sa présence, disant qu'il voulait désormais adorer le Seigneur du Ciel, et demandant à être reçu au nombre des chrétiens, lui, sa femme et sa petite fille , âgée de 12 ans. D'autres jeunes gens sont également venus me dire qu'ils désiraient embrasser la religion du vrai Dieu, et, à voir les dispositions de ces insulaires, bon nombre d'entre eux, on peut l'espérer, entreront prochainement dans le sein de l' Eglise, et formeront un premier noyau de **bons** et fervents chrétiens!

Moyens de nous les attacher.

Mais il fallait favoriser ces bonnes dispositions, et gagner la confiance de ces braves gens. Nous leur annonçâmes donc, que nous étions amenés dans leur île par le désir de vénérer la mémoire d'un de nos Saints Prêtres, mort depuis longtemps sur ce rivage, et de réparer son tombeau, chose pour laquelle nous leur demandions de vouloir bien nous prêter leur concours. De là, prenant occasion de leur parler du Saint, nous leur expliquâmes les vertus de sa vie, les merveilles de son apostolat, le crédit dont il jouit auprès de Dieu, et surtout la preuve de sa sainteté , attestée par la conservation de son corps, demeuré intact et sans corruption depuis plus de 300 ans. Et, en même temps, je leur montrai une photographie du Saint, telle qu'elle a été prise

à Goa, il y a quelques années, à la dernière ou-
verture de son cercueil.

Il n'en fallut pas davantage, pour nous attirer
toutes leurs sympathies. Ils comprirent, qu'en effet,
ce personnage illustre devait être bien digne de
respect, puisque nous venions de si loin pour l'honorer, et que nous comptions dépenser tant d'argent à son tombeau. La conservation de son saint
corps surtout les frappait vivement, et nous voyant si fidèles à remplir envers lui les devoirs de
la piété filiale, à laquelle ils attachent tant de prix
ils jugèrent que nous mêmes nous étions des hommes pleins de droiture et dignes de toute leur
confiance.

Promesse d'élever une Ecole.

Une autre circonstance acheva des les gagner
à notre cause. Un jour, nous trouvant environnés
d'une foule d'enfants qui n'avaient point assez
d'yeux, pour considérer tout ce qu'ils voyaient d'é-
tranger en nous, nous leur demandâmes, s'ils étudiaient et s'ils pouvaient déjà lire les livres chinois?
« Oh! non », répondirent ils tristement, « nous
» n'avons pas de maîtres ici, et nos Parents n'ont
» pas d'argent pour en faire venir! — Mais, seriez
» vous bien aises d'étudier? — Oh! oui, nous serions
» bien heureux, mais nous n'avons pas les moyens
» pour cela! — » Eh bien! leur dis-je , « quand
» nous aurons réparé le tombeau, alors nous ferons

» venir un maître et nous batirons ici une belle
» école, et vous verrez par là que la présence de
» ce tombeau au milieu de vous, ne vous est pas
» inutile, et que S. François Xavier, du haut du
» Ciel, vous récompense déjà du soin que vous avez
» mis à le garder! — »

C'était prendre les enfants et les Parents par
leur faible, et leur annoncer une ère nouvelle pour
le pays. Car, nulle part, l'instruction n'est aussi
estimée qu'en Chine; nulle part elle est aussi nécessaire, pour arriver à quelque place, ou même
pour administrer convenablement ses affaires. Aussi,
on peut se faire une idée de l'empressement et de
la joie avec lesquels cette proposition fut acceptée:
on ne parlait plus dans toute l'île que de la nouvelle École de Sancian: c'était le pivôt sur lequel
roulaient toutes les questions des enfants et les espérances des Parents; mais, comme il était impor-
tant de ne pas laisser refroidir cette première ardeur, nous declarâmes de suite à la population, qu'il
fallait avant tout trouver un terrain propre à l'exécution de ce projet, et nous nous mîmes, en effet,
à la recherche d'un emplacement convenable.

Achat d'un terrain.

À une demi lieue à peu près du tombeau, entre
plusieurs villages de l'île, se trouve un vaste local un
peu élevé, tourné du côté de la colline St François, et
présentant un magnifique coup d'œil sur le bras

de mer qui s'étend en avant. A coup sûr, nous
ne pouvions rencontrer un endroit plus favorable
et la divine Providence nous aida à en faire l'ac-
quisition. Le propriétaire nous demanda d'abord un
prix raisonnable ; mais ensuite s'étant ravisé, il
n'indiqua qu'une partie du terrain, dans l'espoir
de nous vendre le reste plus tard; enfin, au moment de signer l'acte, il allégua différentes raisons,
pour nous faire comprendre qu'il ne pouvait pas
vendre. De notre côté, nous venions d'apprendre
ses supercheries et le besoin qu'il avait d'argent:
nous le laissâmes partir. Notre homme comprit alors
qu'il s'était fourvoyé et faisait fausse route. Deux
jours après, il nous fit savoir que les difficultés, qui
d'abord, l'avaient arrêté, étaient levées, et que le
terrain était à notre disposition. Nous le reçûmes
avec bonté, mais, c'était à nous maintenant à poser
les conditions: la première fut qu'il nous livrerait
son terrain, non pas en partie, mais dans la tota-
lité: la seconde que le prix resterait tel qu'il avait
été fixé la première fois, c'est-à-dire 100 piastres
pour le tout, et afin de lui ôter la tentation de
revenir sur sa parole, je demandai que l'acte fût
signé le soir même, ce qui fut exécuté à onze heures du soir. Ainsi, pour la somme de 600 fr. environ,
nous voilà propriétaires dans l'île de Sancian d'un
beau terrain, bien situé, mesurant 150 pieds de
long sur 100 de large, et destiné à recevoir à la
fois l'habitation du missionnaire, l'école pour les

enfants et à devenir plus tard le centre d'une chrétienté florissante et nombreuse. La conclusion de cet arrangement ayant été connue dans l'île, les habitants s'amusérent de la bonhomie de leur compatriote, pris lui même dans le piège, qu'il avait voulu nous tendre; mais, du reste, ce brave homme n'a pas à se plaindre, car, avec tout-cela, nous lui avons donné de son terrain un prix qu'il n'aurait jamais trouvé dans la localité.

Projet de construction d'une Chapelle.

Cette affaire terminée, il fallait songer au monument à élever sur le tombeau même de l'apôtre, et c'était là, en effet, le principal objet de mon voyage. Mais quel genre choisir? à quel dessin nous arrêter? Si je n'avais consulté que les faibles ressources de ma bourse, avec toutes les charges qui pèsent d'ailleurs sur moi, j'aurais dû nécessairement me borner à quelque chose de simple et de peu dispendieux. Mais il s'agissait d'honorer l'apôtre des Indes et du Japon, le protecteur de l'œuvre de la propagation de la foi, le Patron de notre séminaire de Paris, des missions en général, et de la mission de Canton en particulier, le Saint qui est venu mourir aux portes de cet Empire, et au tombeau duquel nous avons emprunté l'emblème de nos armes et l'expression de notre devise « *In morte vita!* » Il fallait donc faire quelque chose, sinon de somptueux, au moins de convenable et

de digne du grand thaumaturge de l'Orient. Après
en avoir conféré avec les Pères de la Procure de
Hong-Kong et les missionnaires actuellement présents à Canton, nous avons pensé que ce qui ré-
pondrait le mieux à toutes les convenances, serait
l'érection d'une petite chapelle gothique sur le
tombeau même du Saint. M. Hermite, l'architecte
de notre Eglise de Canton, nous en donna le
plan, et un de nos missionnaires, le Père Braud,
est présentement sur les lieux pour le faire exécuter. Quoique petite, elle sera belle, gracieuse, et
sa flèche élancée s'élevera élégamment du pic où
elle a été placée pour dominer les environs! Oh!
qu'il sera doux d'y venir quelque fois, pour y prier,
nous renouveler dans l'esprit de notre sainte vocation et apprendre du glorieux S. François Xavier à devenir nous-mêmes des apôtres et des Saints.

Projet de construction d'une Pyramide.

Un autre projet se présente à mon esprit:
les navires européens passent assez près de l'île
de Sancian, et les insulaires nous disent qu'ils
en aperçoivent souvent la vapeur, formant une longue trainée sur la surface des eaux. De leur côté
les passagers ne manquent jamais de s'informer
de la position de Sancian, et je me rappelle fort
bien, lors de mon premier voyage en Europe, avoir
vu quantité d'Anglais et d'Américains se presser
autour du Capitaine et lui demander l'indication

de ce point. Or, ne serait-il pas bon que, sur une des sommités les plus apparentes de l'île, on plaçât une croix qui donnerait ce renseignement et qui serait vue et saluée avec joie par tous les passagers? Les uns lui demanderaient par l'intercession de S. François Xavier, si éprouvé par les tempêtes, de bénir leur retour dans la mère patrie; les autres le remercieraient de leur heureuse arrivée sur le sol chinois: à tous elle rappellerait que, longtemps avant le progrès des arts et du commerce, un Saint venait dans ces parages, pour y annoncer l'Evangile, et mourait sur ce rocher, consumé de son zèle pour la gloire de Dieu et le salut de ses frères : exemple trop beau et trop touchant, pour n'être-pas rappelé à la mémoire des siècles à venir!

Mais, je ne saurais accomplir toutes ces œuvres de moi-même, et si le Conseil de la Propagation de la foi approuve mes projets, je recevrai avec reconnaissance ce qu'il voudra bien me donner pour m'aider à les exécuter. Je m'adresserai également à mes connaissances et amis, aux fidèles auprès desquels je puis avoir quelque accès, et je ne doute pas, que le glorieux Apôtre des Indes et du Japon ne soit sensible à cette marque de notre dévouement et de notre vénération envers sa personne. L'île ne fournissant que de la terre et des rochers à demi calcinés, il nous faudra nécessairement faire venir d'ailleurs, c'est-à-dire de Hong-

Kong et de Canton, les matériaux nécessaires à
nos constructions, comme la pierre, la brique, la
chaux, les bois, et aussi des ouvriers capables de
faire l'ouvrage, ce qui présentera bien des dépen-
ses, des difficultés et des ennuis; mais, n'importe,
ce sera ma tâche, et je serai heureux, en l'acquit-
tant, de payer ce tribut de mon hommage et de ma
reconnaissance à l'Apôtre que nous honorons en
ces contrées, et à la protection duquel j'aime à
reconnaître que je suis en grande partie redevable
de ma vocation à l'œuvre des Missions!

Retour à Canton.

Telles sont les principales circonstances et les
fruits d'un voyage, dont je ne saurais assez remercier la divine Providence. Mais déjà, j'avais passé
huit jours sur cette terre bénie: il était temps de
regagner mon poste de Canton, où m'appelaient
de nouvelles occupations. Une dernière fois, je
m'acheminai vers le tombeau du Saint pour lui
offrir mes devoirs et me recommander à sa puissante protection. Je pris avec moi les quelques
pauvres souvenirs que j'avais pu recueillir dans
l'île et que je destine à mes amis, s'ils veulent
bien les recevoir: du riz, des bâtons coupés dans
le voisinage du tombeau, des coquilles ramassées
sur les bords de la mer, et saluant une dernière
fois la colline de S. François, je montai sur la

barque, qui, par une navigation de 50 lieues devait me transporter à Hong-Kong.

Nous employâmes deux jours et deux nuits à franchir cet espace, et chaque nuit, nous dûmes préparer nos armes et nous tenir en garde contre des barques des pirates, qui passaient près de nous. A peu de distance de Hong-Kong, nous rencontrâmes quatre pauvres Chinois, dont la jonque avait été renversée par le vent, et qui, cramponnés à ses parois, attendaient qu'une main secourable vint les sauver. Nous eûmes le bonheur d'arriver à temps. On comprend assez avec quel empressement ces malheureux déjà condamnés à la mort, saisirent les objets de sauvetage que nous leur jetions, et quel fut leur bonheur quand ils se virent en assurance à notre bord. Hélas! c'eut été pour eux le moment d'offrir à Dieu une vie qu'ils tenaient si évidemment d'un bienfait inespéré de sa Providence! Nous essayâmes bien de le leur faire comprendre; mais nous n'avions que quelques heures devant nous, et une fois descendus à terre, ils nous échappaient pour se rendre chez eux. Peu de temps après, nous arrivions à Hong-Kong, et le lendemain, je reprenais le chemin de Canton, remerciant Dieu de la bénédiction qu'il a bien voulu accorder à mon voyage! Qu'il daigne encore bénir ce qui nous reste à faire, mais surtout qu'il nous bénisse nous-mêmes, afin qu'en tout et partout nous devenions de dignes instruments de ses miséricordes.

C'est dans ces sentiments, Messieurs et très-honorés Directeurs, que vous envoyant le récit de mon voyage, j'aime à vous renouveler l'expression du respect et de la reconnaissance que je vous dois, comme à nos soutiens et à nos coopérateurs dans la grande œuvre de la propagation de l'Evangile.

✠ Zéphyrin Guillemin, Ev. Préf. Apost.

du Quang-tong et Quang-si (Chine)

2de LETTRE

—

CONSTRUCTION ET BÉNÉDICTION

DE LA CHAPELLE S. FRANÇOIS XAVIER

DANS L'ILE DE SANCIAN

———

Extrait des Annales de la Propagation de la Foi
du 1er Juin 1869.

A MM. LES DIRECTEURS
DE L'ŒUVRE DE LA PROPAGATION
DE LA FOI.

MESSIEURS ET TRÈS HONORÉS DIRECTEURS,

Bénédiction de la Chapelle de Sancian

Nous venons de bénir la chapelle de Sancian, élevée au lieu même où saint François-Xavier a terminé sa glorieuse carrière. Après deux années de travaux et de dangers consacrées à cette œuvre intéressante, il nous était doux d'arriver à ce dernier résultat, et je suis heureux de vous en donner aujourd'hui la bonne nouvelle, persuadé que la joie que j'en éprouve, sera partagée par vous, par nos pieux associés de la propagation de la foi, et par tous ceux qui vénèrent en saint François-Xavier l'apôtre de ces contrées et un des plus grands thaumaturges de ces derniers temps. Tout, du reste, dans cette circonstance, s'est passé de manière à embellir la fête et à jeter un nouvel éclat sur notre sainte Religion.

Grand nombre de personnes de Hong-Kong, Canton et Macao, ayant manifesté le désir d'assister à la cérémonie, nous avons cru devoir louer

un vapeur, qui s'est trouvé immédiatement rempli
d'un nombre considérable de pèlerins. On y remar-
quait le Président de la cour suprême de Hong-
Kong, le Consul général d'Autriche, le Comman-
dant d'une canonnière chinoise, Mr de Longueville,
les Pères italiens de la Mission de Hong-Kong,
les Pères Jésuites de Macao, une quinzaine de missionnaires de notre Congrégation, les Sœurs des
différents établissements de ces pays avec leurs
jeunes élèves, le tout s'élevant à 200 Européens
environ, et une 100^{aine} de chrétiens chinois.

Plusieurs personnages remarquables n'ayant
pu prendre part à la réunion, m'en ont exprimé
leurs regrets dans des lettres qui témoignent de
leur profonde vénération pour le premier apôtre
de ces contrées, et que je conserve avec soin. A la
suite du vapeur portant les pèlerins, venait une
canonnière du vice-roi, ayant à son bord le chancelier du consulat français, chargé de représenter
son consul et le gouvernement français à cette religieuse et imposante cérémonie. Ainsi, nous avions
tout ce qu'il fallait pour compléter notre flotille,
et donner à cette expédition l'aspect et le caractère d'une démonstration vraiment digne d'attention.

Partis de Hong-Kong, le samedi 24 avril, à
midi, nous arrivions à neuf heures du soir, en face
de l'île de Sancian, et déjà la petite chapelle, où
est mort Saint François-Xavier, nous apparaissait,

s'élançant gracieusement sur le rocher d'où elle domine la baie et les environs.

De nombreux flambeaux pendaient le long de ses murs, mais elle brillait surtout de l'éclat resplendissant de la lune, qui, étant alors en son plein, répandait sa lumière sur la chapelle, la surface des eaux et les montagnes environnantes, et donnait à tout ce paysage l'aspect le plus enchanteur! Dans le lointain, du côté des villages, se montrait l'autre chapelle, destinée aux chrétiens, avec l'école pour les enfants et l'habitation pour le missionnaire; et cet ensemble de vues et de souvenirs offrait quelque chose de si touchant, qu'on se sentait comme naturellement porté vers Dieu et rempli d'émotion. Oh! quel doux et agréable moment que celui-là! quel touchant spectacle dans ce calme parfait de la nature, dans cette tranquillité des eaux, dans ce vaste horizon qui s'étendait du point où nous étions, jusqu'aux montagnes les plus éloignées; mais surtout dans la vue de ce rocher solitaire, où le premier apôtre de ces contrées mourait pauvre et abandonné et mettait le sceau à sa sainteté par l'acte de la résignation la plus parfaite à la sainte volonté de Dieu; enfin, dans la vue sur ces sanctuaires qui s'élevaient au loin, et nous faisaient espérer, qu'avant peu le culte du vrai Dieu fleurira sur ces terres autrefois inconnues et désertes: *Exultabit solitudo et florebit quasi lilium.* Bientôt le canon du bord annonça notre arrivée; le missionnaire de l'île y répondit par une décharge de petits canons, tandis que les cloches, mises en branle, envoyaient au loin leurs joyeuses volées et annonçaient la joie dont ce pays, en ce moment, était à la fois le théâtre et l'objet.

Il est beau, en effet, après un laps de temps de plus de 300 ans, de voir des étrangers à plus de 6,000 lieues de leur pays, venir chercher le lieu où un pauvre missionnaire, porteur de sa croix et de son bâton, a terminé ses jours, y élever une chapelle et s'y prosterner humblement, autant pour vénérer sa mémoire que pour implorer son secours: tant est grand le pouvoir de la sainteté, qu'elle immortalise ceux qui l'ont pratiquée, et fait survivre leur mémoire à toutes les scènes et agitations qui bouleversent le monde!

Après quelques moments donnés à ces réflexions, et au charme inexprimable dont on était saisi, on s'occupa du débarquement. Les canots du rivage avaient eu le temps d'arriver, et on avait également préparé ceux du vapeur.

Les dames qui se trouvaient à bord, consentirent volontiers à rester sur le vapeur et à y passer la nuit. Les hommes, désireux de visiter le tombeau et la chapelle, s'y rendirent immédiatement, et de là gagnèrent l'habitation du missionnaire, pour y trouver un gîte plus commode. On s'arrangea, comme on put, et aussi bien que le permettait la circonstance. Pour nous missionnai-

res, nous nous partageâmes la besogne qui restait
à faire : les uns, occupés du service de la chapelle,
faisaient dresser les petits autels que nous avions
apportés, d'autres disposaient les ornements, les dé-
corations, et arrangeaient toutes choses, de maniére à ce que tout fût prêt pour la cérémonie
du lendemain. D'autres entendaient les confessions
des pèlerins , désireux de s'approcher des . sacrements , et la nuit se passa en grande partie au
milieu de ces pieuses occupations.

La bénédiction de la chapelle avait été fixée
pour les 8 heures. A peine la petite cloche en
eût-elle donné le signal, que du vapeur et de tous
les points de l'île, nos pieux pèlerins se mirent en
mouvement, pour se rendre à cette religieuse cérémonie, toute pleine d'attraits et d'interêt pour
nous.

Dieu sait, en effet, ce qu'il nous en a coûté
pour arriver là. Sans parler des obstacles que nous
avons rencontrés pour retirer ce point des mains
du gouvernement chinois, obstacles qui n'ont pu
être vaincus que par l'arrivée et les demandes
réitérées de Mr le Comte de Lallemand, ministre
plénipotentiaire de France en Chine, on ne peut
se figurer toutes les difficultés qui sont venues
entraver ces différentes constructions. Tous les matériaux comme pierres, briques, tuiles et bois, ont
dû être transportés par mer, à plus de 50 lieues de
distance, et cela malgré les orages fréquents qui

troublent ces mers, et les pirates plus terribles
encore, qui infestent les côtes. Bien de fois, obligé
de quitter Canton, pour venir visiter les travaux,
je n'avais qu'une frêle barque chinoise pour me
rendre en ce lieu, et jamais je n'ai pu faire la
route, sans avoir à lutter contre ces deux redoutables adversaires. Et le plus terrible de tous encore,
le dirai-je, a été la pénurie d'argent, ce nerf de la
guerre et des missions, sans lequel on ne peut rien
faire et qui me manquait complètement; car j'ai dû
commencer les travaux sans aucun fonds assuré
pour les continuer. Mais enfin, toutes les peines
étaient passées, toutes les difficultés vaincues, et
nous avions devant nous une jolie petite chapelle
gothique, due à l'habileté de M. Hermite, architecte de l'Eglise de Canton, lequel en a fait une
œuvre de délicatesse et de bon goût. Elle n'est
pas grande, n'ayant que 60 pieds de long sur 30
de large, avec un petit clocher de 70 pieds de
haut; mais sa forme gothique et gracieuse, sa position sur un roc élevé qui s'avance un peu dans
la mer; sa flèche élancée et pyramidale qui, de
là, domine tous les environs, lui donne une grâce
et une élégance parfaite. Au centre même de la
chapelle se trouve le lieu où saint François Xavier
a remis son âme bénite entre les mains de Dieu.
Une pierre de granit, de 6 pieds de long sur 2
de large, recouvre ce point avec l'inscription suivante, parfaitement bien conservée :

A qui foi sepultado S. Francisco Xavier, da Companhia de Jesus, apostolo de Oriente. Esto padrao se levantou no anno 1639.

Ici à été enterré Saint François-Xavier, de la Compagnie de Jesus, apôtre de l'orient. Cette pierre à été posée en 1639.

Il fallait, on le comprend, conserver dans toute sa simplicité et son intégrité cette pierre fondamentale, qui est comme le cachet authentique de ce souvenir mémorable; mais je l'ai fait environner d'un encadrement en beau marbre blanc, ayant dans tout son pourtour une belle guirlande de fleurs sculptée et portant dans le haut une couronne avec cette autre inscription qui forme la devise des armes de la mission: *In morte vita!*

Trois petits autels décorent la chapelle. Celui du milieu, en bois dur et en forme gothique, a été fait sur le modèle d'un autel du treizième siècle, et se distingue par son élégance et sa bonne grâce. Nos pèlerins ont paru enchantés de ces constructions et arrangements, et ne s'attendaient pas à trouver sur cette plage lointaine un sanctuaire aussi gracieux, et répondant aussi bien à sa destination !

Aussi, avec quelle expansion de joie, avec quels sentiments de reconnaissance, nous avons fait cette bénédiction, suivant tous les contours de la chapelle, bénissant ces murs élevés avec tant de peines et tant de frais. Plus d'une larme tombait des yeux des assistants, et il était difficile, en effet, de n'être pas ému, en reconnaissant le lieu même où est mort le glorieux apôtre de ces Contrées, et en se rappelant le zèle, les labeurs, les sacrifices qui ont signalé la vie de cet homme apostolique.

La bénédiction finie, je commençai la messe, à laquelle j'étais assisté par le R. P. Raimondi, Préfet apostolique de Hong-Kong et par le P. Osouf, Procureur général de notre Congrégation. Grand nombre de personnes y communièrent, et, la messe finie, un des Pères jésuites présents, le R. P. Rondina, dans une allocution improvisée et toute pleine d'émotion, nous rappela les vertus et la gloire de saint François Xavier, nous exhortant à marcher sur ses traces, et à continuer, sur cette terre infidèle, l'apostolat si bien commencé par lui. Puis enfin on chanta le *Te Deum:* le *Te Deum* qu'il était si juste d'adresser à Dieu pour l'achèvement d'une œuvre due toute entière au secours de sa providence et à la protection de son saint apôtre.

La cérémonie achevée, chacun put suivre l'impulsion de son cœur, et on vit alors la plupart des pèlerins se prosterner sur la pierre du tombeau, la baiser respectueusement et y déposer les objets auxquels chacun désirait voir attacher une bénédiction spéciale. Nos petits insulaires supposant également que chacun serait heureux de remporter un petit souvenir de cette terre bénite, se répandent aussitôt sur les flancs de la montagne et en rapportent quantité de rameaux et de fleurs de tout espèce qu'ils offrent aux pèlerins enchantés de porter une de ces palmes à la main !

Pour moi, je n'oubliais pas que j'avais un devoir essentiel à remplir envers tant d'amis et de bienfaiteurs, qui soutiennent mes œuvres par leur généreuse charité ; et après avoir, les jours précédents, inscrit leurs noms sur une feuille de parchemin, je les déposai avec respect et amour sur le saint autel pendant la célébration de la sainte messe : puis, je les renfermai sous la pierre même du tombeau, demandant à Dieu, par les mérites de son serviteur, qu'il nous accorde à tous un heureux passage du temps à l'éternité : ce qui est bien la chose la plus heureuse et la plus désirable que nous puissions demander, car en elle se résument toutes les autres félicités du temps et de l'éternité.

Enfin, sur la pierre même du tombeau je déposai quelques souvenirs de l'île, que j'avais fait chercher précédemment, du riz, du thé, des bâtons et des fleurs recueillis dans les environs même du tombeau ; et ces souvenirs seront pour mes amis de France, auxquels je les destine, non comme chose de grand prix, mais comme objets bénits sur le tombeau d'un grand saint, et comme expression du souvenir tout cordial que je conserve d'eux

et de chacun d'eux dans les principales circonstances de ma vie apostolique.

A peine cette pieuse cérémonie était-elle finie,
qu'une autre vint s'offrir à nous avec tout ce
qu'elle avait de touchant et de pittoresque. Enten-
dant les sons aigus et discordans d'une musique
chinoise qui s'avançait, je demandai ce que c'était.
On me répondit que c'étaient les députations des
cinq principaux villages de l'île, qui venaient nous
offrir leurs félicitations et prendre part à la joie
commune. Et, en effet, cinq groupes de vieillards,
en ce moment, gravissaient les degrés de la montagne, précédés chacun de la musique de son village, et suivi d'un énorme porc rôti porté sur une
table et environné de fleurs. Arrivés au seuil de
la chapelle et conduits devant moi, ils s'inclinè-
rent profondément selon l'usage chinois, et me
dirent, qu'envoyés par leurs villages pour remplir ce glorieux message, ils étaient heureux de
nous offrir les témoignages de respect et de sympathie des habitants, que tous se félicitaient de
nous voir au milieu d'eux, et nous priaient de
recevoir ce faible gage de leur affection et de leur
dévouement. Et en même temps, ils déposèrent à
nos pieds leurs énormes porcs rôtis, accompagnant
cette offrande de nouvelles salutations et prostra-
tions à la manière chinoise.

De mon côté, j'avais cru devoir les recevoir
avec les insignes épiscopales, non pour donner à

cette cérémonie plus de pompe, mais pour lui conserver son caractère religieux. Répondant donc à
leur prévenance, je leur dis, que je m'estimais
heureux d'avoir été choisi du Ciel, pour élever ce
sanctuaire en l'honneur d'un saint qui avait rempli
l'univers du bruit de ses miracles et de sa sainteté,
qu'il serait leur protecteur et leur appui, et qu'ils
pouvaient nous regarder nous-mêmes, c'est-à-dire
moi, les missionnaires et les européens présents,
comme des amis, toujours disposés à leur rendre
service dans toutes les circonstances où nous pourrions le faire.

Et, afin d'appuyer mes paroles de quelque chose
de positif, je les conviai tous pour le surlendemain
à un diner général, où je désirais les réunir autour
de notre habitation. Le soir, quatre autres villages
nous envoyèrent leurs députations avec les mêmes
démonstrations d'amitié, en sorte que c'est bien
l'île toute entière, qui a voulu prendre part à la
fête, et s'y faire représenter par ses principaux
habitants !

Je ne saurais dire combien cette manifestation
imprévue et toute spontanée de la part de ces
pauvres gens, fit impression sur nous et sur les
nombreux anglais et américains qui en furent les
témoins. Plusieurs jours après, on parlait encore
de la touchante scène des vieillards, de leur barbe
blanche, de leurs petits chapeaux pointus, de leur
effrayante maigreur, de leurs énormes porcs rô-

tis ; et l'un des personnages les plus éminents de
Hong-Kong ne craignit pas de m'adresser ces touchantes paroles : « Monseigneur, c'est le plus beau
» succès que vous puissiez obtenir ! vous devez
» en être fier et heureux, et quoique protestant,
» je vous en félicite de tout cœur.»

C'était, en effet, un précieux témoignage de
reconnaissance et d'attachement pour les secours
que le P. Braud, missionnaire de Sancian, n'avait
cessé de donner à ces pauvres gens. Toujours
harcelés par les Pirates, le P. Braud, au milieu
de leurs peines et de leurs inquiétudes, s'était fait
leur conseil et leur appui ; il leur indiquait ce
qu'ils avaient à faire, relevait leur courage par de
sages avis, et au besoin leur prêtait main forte, en
mettant à leur disposition 4 petites pièces de canon et une 30^{aine} de mauvais fusils que je lui avais
envoyés de Canton à cette intention : ce qui me
conciliait à moi-même une partie de la bienveillance qu'ils lui témoignaient. Mais, ce qu'il y avait
de plus consolant pour nous dans cette démonstration, c'est qu'elle était la preuve certaine des
bonnes dispositions dont ces pauvres Insulaires
sont animés envers la religion chrétienne. On voit
qu'ils l'aiment, qu'ils la respectent, qu'ils en appré-
cient les divins enseignements, et nous pouvons
dire sans crainte de nous tromper, qu'avant peu
de temps, l'île de Sancian toute entière sera au
vrai Dieu, qu'elle aura renoncé à ses idôles et

aux folles superstitions du paganisme, pour embrasser la loi toute d'amour du Sauveur des hommes.

De la chapelle de saint François, la plupart
des pèlerins se dirigèrent vers le village situé à
une petite demi-lieue du tombeau. Là se trouve un
autre sanctuaire destiné à recevoir nos futurs chrétiens, une école pour les enfants et une habitation pour le Père : le tout surmonté d'un petit
dôme élégant et formant un groupe de maisons
d'une architecture mauresque dont l'aspect, vu de
la mer, produit le meilleur effet.

Ces différentes constructions étaient absolument
nécessaires, si nous voulons exercer une action
réelle sur les habitants et les amener à la profession de la religion chrétienne. Aussi y avons-nous
mis un soin, et, je dirais presque une élégance
particulière. Nos pèlerins les visitèrent avec plaisir. On se promena un peu sur le rivage; on vi-
sita quelques cabanes de nos bons insulaires pour
leur montrer l'intérêt que nous prenions à leur
position ; puis, on retourna à bord, où le repas
longtemps attendu, attendait à son tour les pèlerins !

Au moment où nous arrivions, un petit brick
de guerre portugais abordait également dans la
baie, et son capitaine venant nous saluer, nous
dit qu'il était envoyé par le gouverneur de Macao,
pour nous féliciter et prendre part à la joie commune. Les vents contraires l'avaient empêché d'ar-

4

river plus tôt, mais sa présence n'en était pas
moins un témoignage de sympathie pour notre
œuvre, de respect et d'hommage pour le tombeau
du glorieux apôtre de ces contrées.

Mais déjà le soleil, baissant à l'horizon, nous
annonçait que l'heure du départ était proche. Réunis tous ensemble sur le vapeur qui nous avait
amenés, je voulus voir une dernière fois nos compagnons de pèlerinage, pour leur exprimer la joie
que m'avaient causée leur présence et leur piété
à cette cérémonie et prendre congé d'eux. Car,
pour moi, il me semblait avantageux de rester
quelques jours encore à Sancian pour y recueillir
les fruits de cette intéressante journée. Le signal
du départ donné, nous les saluâmes une dernière
fois au son de nos cloches et au bruit de notre
artillerie; puis le bâtiment se mettant en mouvement, nous le vîmes s'éloigner avec rapidité et
enfin disparaître entièrement à nos yeux.

Mon désir, en restant dans l'île, était, comme
je l'ai dit plus haut, de retirer de cette pieuse expédition les avantages que nous en espérions, et
surtout de jeter sur cette terre privilégiée une nouvelle semence de grâces et de conversion.

Repas offert aux Vieillards. Présens aux Enfants.

La première chose que nous fîmes, fut de réunir tous les anciens des villages au nombre de quatre-vingts, et comme ils s'étaient montrés pleins

de respect et de prévenance envers nous, nous avons également voulu les traiter avec toute la largeur et la bienveillance possibles. Donc, dès le matin, pour ne rien changer aux invariables habitudes des chinois, on tua buffle, porcs, canards, volailles de toutes expèces: on remplit les cruches du meilleur vin qu'on pût trouver, et on le versa en abondance dans les coupes, selon le désir de chacun. On appela des musiciens qui, pendant tout le repas, firent entendre leur honorable vacarme, on tira force pétards et coups de canons, et au milieu de cette abondance de mets et de cette confusion d'instruments, nos quatre-vingts Nestors, assis imperturbablement, fonctionnaient à qui mieux mieux, heureux de la part honorable et copieuse qui leur était faite ; et toute la soirée se passa ainsi dans une douce et très convenable gaieté.

Les enfants ne furent pas oubliés, eux qui avaient été une des premières causes de notre admission dans l'île. Dès la veille, ayant fait prévenir les chefs que ceux qui avaient des petits enfants, garçons ou filles, n'avaient qu'à les amener, parce que je voulais leur donner un petit souvenir venant d'Europe, on comprend avec quel empressement ces bons vieillards vinrent me présenter les tendres rejetons de leur race. Je distribuai à chacun un joli mouchoir bariolé de mille couleurs et dessins différents, présent que j'avais reçu moi-même d'une main amie de France ; et comme on

*

me fit observer, que plusieurs enfants malades ou empêchés n'avaient pu venir au rendez-vous, j'en fis une autre distribution pour les absents, en sorte que tout le monde eut sa part, et qu'on ne savait qui étaient les plus contents, ou ces bons vieillards, heureux de l'accueil qui leur était fait, ou les enfants pendus à leurs bras, et retournant chez eux, en agitant leur brillant oriflamme. Deux ou trois jours après, j'ai voulu moi même parcourir les principaux villages de l'île et en visiter les paisibles habitants, et j'ai pu constater, à la mine joyeuse et cordiale avec laquelle nous avons été reçus, combien cette attention de notre part avait produit bon effet, et les avait heureusement disposés à recevoir la bonne nouvelle de l'Evangile !

Collation de la tonsure à neuf de nos anciens Eléves.

Une autre cérémonie, plus importante encore, fut la collation de la tonsure à quelques élèves que j'avais amenés avec moi. Revenus tout récemment du collège de Pulo-Pinang, où ils avaient achevé leurs cours de philosophie et de théologie, après avoir fait leurs premières études de latinité à notre petit séminaire de Hong-Kong, il était temps de leur ouvrir les portes du sanctuaire, et je ne pouvais mieux le faire que dans cette circonstance et sur le tombeau même de l'apôtre de ces contrées.

Ces bons et pieux jeunes gens se mirent donc
en retraite, pour bien considérer devant Dieu les
devoirs du saint état qu'ils allaient embrasser et
voir s'ils auraient la force de les remplir. Tous
me parurent bien affermis dans leurs pieuses ré-
solutions, et le samedi suivant, 1er jour du mois
de mai, fête des apôtres S. Philippe et S. Jacques,
célébrant la Ste Messe dans la chapelle de S. François, je leur conférai la tonsure et les revêtis du
saint habit de l'Eglise. Oh! avec quelle piété et
quelle ferveur, lorsque je faisais tomber de leurs
têtes la touffe de cheveux, symbole de leur renoncement aux choses d'ici-bas, avec quelle ferveur, dis-je,
ils prononçaient ces paroles liturgiques que l'Eglise
mettait alors dans leur bouche : *Dominus pars
haereditatis meae et calicis mei: tu es qui resti-
tues haereditatem meam mihi!* Oui, c'était bien
le renoncement le plus complet, et en même temps
une belle et gracieuse fleur à offrir à l'auguste
Vierge Marie au premier jour du mois qui lui est
consacré. Je la cueillis de tout cœur et la plaçai
avec bonheur dans le champ de cette mission qui,
comptant 40 millions d'habitants répartis sur un
espace de 300 lieues de long et 200 lieues de large,
a si besoin d'un clergé indigène pour faire face
à tant de nécessités!

Le soir, nos chers lévites me demandèrent de
retourner au tombeau du Saint, pour y renouveler
leurs engagements, et remettre entre ses mains la

garde de leurs bonnes dispositions et de leur avenir. Nous y passâmes encore une bonne heure en
prières. Là, je leur donnai un souvenir de cette
précieuse journée, et nous revinmes au milieu de
la nuit, suivant sur le rivage de la mer le chemin
que le Saint avait dû parcourir pendant sa vie,
et lui demandant de marcher également sur les
traces de son glorieux apostolat.

Premiers Chrétiens baptisés dans l'île.

Avec les prémices de notre clergé indigène
dans cette mission, il m'a été également donné
d'offrir à Dieu les prémices des nouveaux chrétiens de l'île.

Peu de temps après la mort du Saint, on avait
bien placé sur son tombeau une pierre et une inscription rappelant le lieu précis et l'époque de
son glorieux trépas. Plus tard, une modeste chapelle
en terre battue s'éleva au même endroit, et les
païens eux-mêmes vénéraient ce tombeau comme
celui d'un grand et saint personnage. Mais rien
ne dit qu'il y ait jamais eu des païens baptisés
dans l'île. Cette nouvelle fleur à cueillir sur la
terre de Sancian était réservée à ces derniers temps,
et voici quelle fût l'occasion de la première conversion qui eut lieu dans le pays.

Lorsqu'au mois de Janvier 1867, le P. Braud
fut envoyé pour la première fois à Sancian, ne
connaissant personne, il alla frapper à la porte

d'un pauvre insulaire qui le reçut avec la plus grande cordialité, et qui, depuis, lui rendit tous les petits services dont il put avoir besoin. Avec l'arrivée du missionnaire, on peut dire que le salut entra aussi dans cette pauvre cabane: *Hodie salus huic domui facta est!* Témoin de la conduite du Père, instruit par ses leçons, ce brave païen au cœur franc et loyal, ne tarda pas à goûter la vérité de l'Evangile et à se sentir pressé de l'embrasser. Sa petite fille, agée de douze ans, montrait les mêmes bonnes dispositions. Lorsque je récitais mon bréviaire, assis au seuil de la cabane de son père, cette jeune enfant ne manquait pas de venir se placer à mes côtés, et là, silencieuse, immobile, les yeux fixés sur moi ou sur les images de mon bréviaire, elle restait sans broncher, jusqu'à ce que j'eusse fini. Aussi, il y avait toujours dans mes prières un petit souvenir pour elle et les habitants de l'île, que je me figurais représentés dans la personne de cette enfant, qui semblait demander pour eux tous un peu de cette eau qui jaillit pour la vie éternelle. Son père m'ayant prié de l'admettre chez les sœurs de Canton, je la conduisis volontiers dans cet établissement. Elle s'y instruisit, se prépara au saint baptême, et quand le jour de la recevoir fut proche, son père vint lui-même la chercher, afin que toute la famille réunie eut le bonheur d'être régénérée en même temps dans les eaux salutaires du Sauveur.

Nos jeunes lévites ayant donc reçu la tonsure, ce nouvel adorateur du vrai Dieu vint, à son tour, s'agenouiller à la porte de la chapelle , amenant avec lui sa femme et ses trois enfants, l'une âgée de 12 ans , l'autre de quatre et la troisième de deux. Tous reçurent le S. Baptême ensemble, et tels sont les premiers habitants de l'île qui, en ce jour solemnel, eurent le bonheur de se ranger sous la loi du vrai Dieu et de devenir les membres vivants de J. C. !

Mais, ce ne seront pas les derniers, et déjà, si nous en jugeons d'après les dispositions des habitants, nous pouvons assurer, sans crainte de nous tromper, qu'avant peu de temps la généralité de l'île aura embrassé la foi du Sauveur. Que Dieu en soit béni , ainsi que le saint apôtre qui veut bien nous donner ces marques de sa protection spéciale sur le lieu consacré par ses derniers moments et sa sainte mort!

Erection d'une Pyramide.

Cependant, il nous restait un dernier travail à faire, celui d'élever, au sommet d'une des montagnes voisines, une pyramide destinée à indiquer aux voyageurs le lieu où Dieu appela à lui son fidèle serviteur. Deux fois naviguant sur ces mers, j'avais vu les passagers, anglais et américains, se presser autour du Capitaine et lui demander avec instance des renseignements à ce sujet. C'était donc à la fois satisfaire aux pieux désirs du public et honorer la mémoire de S. François Xavier; et, en même temps, il nous était doux de profiter de l'occasion pour inaugurer le signe de notre sainte religion à l'entrée même de cet immense Empire. Déjà, les pierres destinées à ce petit monument avaient été préparées à Canton et à Hong-Kong, et se trouvaient réunies sur les bords de la mer, où elles n'attendaient plus que le moment d'être transportées au lieu, où elles devaient être placées.

Un jour donc, le P. Braud et moi, accompagnés de 5 ou 6 hommes du pays, hommes dévoués et fidèles, nous nous mîmes à parcourir les principales montagnes de l'île, toutes très élevées et d'une pente fort rapide ; et après 8 ou 10 heures de marche, arrivés au sommet du pic le plus rapproché du tombeau et qui se voit le mieux de la pleine mer, nous y avons planté notre drapeau, et nous agenouillant en ce lieu, nous l'avons adopté et béni comme celui qui doit servir à l'accomplissement de nos desseins. C'est là que s'élevera bientôt la pyramide en question, formée de pierres fortes et solides, haute de 30 et quelques pieds, et devant dominer tout le pays, comme du reste les Chinois ont, dans l'intérieur de la province, quantité de ces tours qui se voient au loin et qui donnent au paysage l'aspect le plus pittoresque et le plus curieux. Loin de s'opposer à notre entreprise, nos pauvres

insulaires vinrent d'eux mêmes s'offrir à nous, pour
transporter les pierres au sommet de la montagne.
Ils auront à ce travail un petit gain matériel qu'ils
ne rencontrent pas souvent, mais surtout l'avantage de se trouver à l'abri de la croix qui sera
leur asile et leur sauvegarde. Mais, du reste l'ouvrage se fera petit-à-petit sous les ordres du P. Braud
qui en est chargé. Et quand il sera fini, je me
rendrai de nouveau à Sancian, pour en faire la
bénédiction et offrir à notre S. Patron nos prières
et nos actions de grâces, pour le concours tout
providentiel qu'il a bien voulu nous donner dans
l'exécution de nos travaux et de nos œuvres.

Visite aux Chrétientés du Continent.

Là se terminait tout ce que nous avions à
faire à Sancian: il ne nous restait plus qu'à saluer
une dernière fois cette terre bénite et à remercier
Dieu des grâces qu'il nous y a faites. Mais toutefois,
avant de regagner mon poste de Canton, je tenais
à visiter les chrétientés situées sur le continent
voisin, en face de Sancian, et en particulier Tin-
taou, où se trouve la belle tour que nous avons
achetée l'année dernière, et qui demandait d'assez
fortes réparations. Montés sur une barque chinoise,
nous franchîmes en quelques heures le détroit qui
nous séparait du continent, et déjà nous arrivions
au premier village chrétien, lorsqu'on nous apprit
que les défilés des montagnes étaient soigneusement

gardés par les pirates, qui en défendaient le passage, et qu'il n'y avait pas moyen pour nous d'aller plus loin.

Luttes soutenues avec les Pirates.

Près de là, en effet, se trouvait un camp de 5 ou 600 de ces brigands qui, peu contents des ravages, qu'ils exercent sur mer, se répandaient dans la campagne et enlevaient impitoyablement tout ce qu'ils rencontraient. Bien plus, le lendemain de notre arrivée, on vint nous annoncer qu'ils se proposaient de venir le soir même, attaquer le village où nous étions, et à l'appui de cette nouvelle, le Mandarin voisin nous envoyait 30 soldats et une pièce de canon, pour nous aider à nous défendre, nous recommandant de déployer tout le courage et l'énergie dout nous étions capables pour les repousser.

Hélas! ce n'est pas la 1ère fois que, dans ma vie de missionnaire, je me voyais ainsi en présence de l'ennemi et obligé de faire face au danger qui se présentait. Il y a 22 ans, lorsque je venais en Chine pour la 1ère fois, notre vaisseau étant allé donner sur un banc de sable, au milieu des îles de l'Océanie, nous avons été pendant deux jours, au moment d'être assaillis par les Sauvages, et là aussi nous dûmes très-sérieusement nous préparer au combat. Combien d'autres fois, ne me suis-je pas trouvé aux prises soit avec les Pira-

tes, soit avec les rebelles, et toujours Dieu m'a
protégé, de manière à me montrer qu'il y a une
Providence spéciale veillant sur la vie des missionnaires. En mettant toute notre confiance en lui, nous
ne devions néanmoins négliger aucun des moyens
que la prudence nous engageait à prendre. Le
P. Braud et moi, nous résolûmes donc de pourvoir à notre défense, et comme les pauvres habitants du pays, moitié chrétiens, moitié payens,
nous demandaient, tout craintifs, ce qu'ils avaient
à faire, nous nous mîmes résolument à leur tête.

Le village où nous étions, se trouve adossé à
une montagne escarpée et hérissée de rochers qui
le garantissent suffisamment de ce coté. En avant
s'étend une grande baie marécageuse qu'il n'est
pas facile de franchir; nous n'avions donc qu'à
fortifier les deux flancs par lesquels on pouvait
venir à nous, et à l'un desquels se trouve notre
petite chapelle, se cachant gracieusement au milieu des rochers et des arbres séculaires qui l'environnent. C'est donc là que durent se porter nos
premiers efforts : nous indiquâmes les terrasse-
ments à faire, les palissades à élever, la place à donner à notre artillerie; et quand tout fut prêt, c'est
encore le P. Braud et moi, qui pointâmes nos deux
piéces de canon, en les dirigeant vers l'embran-
chement de deux chemins, où l'ennemi devait nécessairement déboucher. Ces premières dispositions
prises, nous divisâmes nos gens en pelotons et nous

indiquâmes à chacun l'office qu'il devait remplir. Quelques uns furent envoyés, comme éclaireurs, à tous les passages et sur la cime des montagnes, avec ordre de garder le plus profond silence et de nous avertir immédiatement du premier mouvement qu'ils apercevraient. Les autres restèrent autour de nous pour former le corps d'armée; et ainsi, tout étant bien disposé, nous n'avions qu'à attendre de pied ferme l'arrivée de l'ennemi.

Cependant, malgré toutes ces mesures, nos braves Chinois étaient loin d'être rassurés, et quand la nuit vint nous envelopper de ses ombres, et ajouter à notre inquiétude celle qu'inspire naturellement l'obscurité, un saisissement de frayeur se fit sentir au milieu d'eux. Mais, hâtons-nous de le dire, c'était moins pour eux qu'ils craignaient que pour moi. Me croyant peut-être plus exposé qu'eux tous, ils vinrent en masse, tant payens que chrétiens, pour me prier de passer au village voisin où, à raison de la population plus nombreuse, ils supposaient qu'il y avait moins de dangers à courir. Le Père Braud joignait ses instances aux leurs, pour m'engager à prendre ce dernier parti, m'assurant qu'il était assez fort pour suffire à tout ce qu'il y aurait à faire. Mais je n'avais garde de prêter l'oreille à un pareil conseil, et je ne pouvais, en effet, abandonner mon poste, et en quelque sorte aller me cacher, au moment critique où nous étions. Je répondis donc à ces braves gens, que, venu au milieu d'eux pour les visiter, je ne pouvais les laisser à l'heure du danger, que mon sort était uni au leur et que nous saurions vaincre ou mourir ensemble. Mais du reste, ajoutais-je, notre vie est entre les mains de Dieu et de son glorieux serviteur Saint François Xavier, et puisque c'est pour leur gloire que nous sommes venus ici, ils ne permettront pas, j'en ai la confiance, qu'il nous arrive aucun mal.

Seulement, comme j'avais avec moi des objets précieux, et auxquels j'attachais un grand prix, tels que l'anneau porté autrefois par S. Thomas de Cantorbery et par S. François de Sales, ma croix pectorale, bénite par le Souverain Pontife, les images et autres objets déposés sur le tombeau du bienheureux St. François Xavier, je désirais vivement qu'ils fussent mis en lieu sûr, et d'après le désir que j'en manifestai, aussitôt quatre hommes se chargent du fardeau et le portent à la Chrétienté voisine. Trois heures après, ils étaient de retour, se félicitant de la rapidité et du succés avec lesquels ils avaient rempli leur commission.

Il était alors 10 heures du soir. Réunis tous ensemble dans le camp, à la lueur des flambeaux, nous nous entretenions des chances de la guerre, et il était facile de voir que ma détermination était pour ces pauvres gens un véritable sujet de joie et de confiance. Les voyant accablés de fatigue, je les engageai à prendre un peu de repos, me chargeant moi-même de faire la garde et de les réveiller au premier signe de danger. Et voilà qu'en un instant, chacun se choisit une petite place, se jette sur une natte et bientôt tout le monde est profondément endormi. Pour moi, je me retirai en un coin pour réciter mon bréviaire, que je n'avais pas encore ouvert de toute la journée, et tandis que je remplissais ce devoir si intimement lié à la vie sacerdotale, deux jeunes enfants, de 15 à 16 ans, s'approchent de moi et me demandent si je voulais leur permettre de veiller avec moi. Un instant après, ils m'adressent une autre demande, celle d'être envoyés à l'orphelinat de Canton, pour y faire leurs études de latin et se consacrer à Dieu dans l'état ecclésiastique. Déjà précédemment ils avaient été dans cette maison, et ils conservaient avec soin les bons sentiments qu'il en avaient rapportés, et dont je remerciai bien le bon Dieu. J'acceptai leurs offres, je les encourageai dans leurs bonnes dispositions, et nous fîmes ensemble la garde du camp.

Le reste de la nuit se passa en courses, allant d'un point à un autre, visitant tous les postes et remplissant tous les devoirs d'une sentinelle vigilante et intrépide. Enfin, les premiers rayons du crépuscule commençant à paraître, les frayeurs nocturnes se dissipèrent et l'on put regarder le danger comme passé, au moins pour la journée. On donna le signal du réveil, tous se levèrent et, venant à nous, nous demandèrent ce qu'ils avaient à faire.

C'était le Saint jour de l'Ascension, fête joyeuse et consolante parmi toutes les fêtes de l'Eglise. Nous nous disposions à célébrer la S. Messe, et déjà l'on avait préparé tout ce qu'il fallait pour cela, lorsqu'on s'aperçut qu'on avait oublié à Sancian les pains d'autel. On envoya immédiatement quelques courriers dans les villages voisins, pour voir si l'on y trouverait de la farine de froment ou même quelques épis; car avec cela, nous aurions pu facilement nous tirer d'embarras, comme la chose nous arrive si souvent en mission; mais malheureusement, il n'y en avait pas et nous dûmes nous résigner au sacrifice qui nous était imposé. Privés de la célébration de l'auguste sacrifice de nos autels, nous réunîmes nos chrétiens dans la chapelle, et là nous leur parlâmes pendant quelque temps de la céleste Patrie que J. C. à pareil jour, est allé nous préparer : patrie pleine de charmes et de délices, et qui nous dédommagera amplement des afflictions et des épreuves que nous avons à subir ici bas, mais Patrie, dont l'ennemi mortel de nos âmes, le démon, cherche à nous éloigner. Et, de même que notre devoir est de défendre notre vie et tout ce que nous avons ici-bas, de même nous devons faire tous nos efforts, pour ne pás nous laisser ravir ce bien, le plus précieux de tous les biens, et sans lequel tous les autres réunis ne seraient qu'illusion et misère. Nos chrétiens comprenaient fort bien ce langage, si justement adapté à la circonstance. Tous ensemble nous renouvelames nos promesses de fidélité envers Dieu, et la réunion se termina par la bénédiction solemnelle, que je donnai à ces pieux fidèles agenouillés et attendris, priant le Sauveur des hommes de nous bénir sur cette terre de l'exil et de nous donner un jour part à son glorieux triomphe dans le ciel.

Ce devoir de religion rempli, nous voulûmes, le P. Braud et moi, faire une course dans le village, autant pour ranimer la confiance de ces pauvres gens, que pour inspecter l'état où se trouvaient nos moyens de défense. Or, je ne saurais dire quels témoignages de reconnaissance et d'attachement nous recueillîmes dans cette promenade. Tous nous remerciaient de l'appui que nous leurs avions donné, et de toutes les bouches, nous entendions sortir cette parole si consolante pour nous: *oh! ces missionnaires sont bien des pères! combien leur présence nous est utile: nous devons faire en sorte d'en avoir toujours parmi nous!* Et ce sentiment était si sincère en eux, qu'à notre retour à la chapelle, nous fûmes suivis par une députation d'une 30aine d'hommes qui vinrent nous remercier, et nous offrir la possession entière et définitive de la pagode

où nous étions. Car, jusqu'ici elle ne nous avait
été que prétée, et notre chapelle n'y avait été établie que d'une manière provisoire. L'accepterons-
nous? je ne sais. Ce local appartenant autant aux
payens qu'aux chrétiens, je craindrais qu'une con-
cession purement gratuite ne devînt plus tard le
sujet de réclamations et peut-être de dissensions,
tandis qu'en achetant un terrain voisin, nous serions complètement chez nous, et de là il nous serait
facile de faire disparaitre la demeure du démon,
en lui enlevant petit à petit ses adorateurs. En
attendant, je commençai par m'emparer de la petite cloche qui, depuis si longtemps, servait aux
sacrifices et aux superstitions du paganisme et je
l'emportai avec moi à Canton.

Quelque soit la détermination ultérieure que
nous prendrons, nous pouvons dire, que nous avons
dans ces braves gens des hommes, qui nous sont
tous dévoués, comme ils ont vu que nous mêmes
nous étions bien sincèrement et bien entièrement
à eux. Et, si j'avais un désir à former, ce serait
d'obtenir immédiatement de la Propagation de la
foi et de la Ste Enfance les secours suffisants pour
tirer de la position qui nous est faite, tous les avantages qu'elle nous promet. Ce serait, en effet, le
moment de répandre de nombreux Catéchistes en
ces pays, et d'y élever toutes les chapelles qui
peuvent y être construites. Nous n'avons qu'à essayer aujourd'hui pour réussir, et Dieu sait com-

bien, en peu de temps, nous pourrions avancer l'établissement de la religion en ces contrées ; tandis qu'en attendant plus tard, nous ne savons pas si nous trouverons les mêmes dispositions et la même facilité. Mais revenons à notre sujet, je veux dire aux pirates et à nos moyens de défense.

Le restant de la journée se trouva partagé entre l'espérance et la crainte. La nuit suivante fut comme la veille, pleine d'inquiétudes et d'alarmes, et à chaque instant, on s'attendait à voir la troupe des ennemis tomber sur nous. Le lendemain, au contraire, des hommes du pays s'étant avancés tout près de leur camp, vinrent nous dire que le plus grand calme régnait parmi eux, et qu'il ne paraissait pas qu'ils se préparassent à une attaque, au moins pour le moment. Enfin, le soir on vint nous annoncer qu'ils avaient renoncé à leur projet, et que désormais ils nous laisseraient tranquilles, soit qu'ils redoutassent de se mesurer avec nous, soit qu'ils préférassent porter leurs armes en des endroits moins défendus et qui leur offraient l'espoir d'un gain plus considérable à obtenir.

Délivrance des Chrétiens. Retour à Canton.

On peut juger de la joie qu'une semblable nouvelle répandit parmi nous. C'était comme un poids énorme qu'on nous enlevait de dessus la poitrine, et qui nous permettait de respirer. La satisfaction se reflétait sur toutes les figures, et de toutes parts,

on voyait les habitants se réunir en groupes, soit
pour se communiquer leurs impressions, soit pour
manger le riz ensemble, autre manière non moins
éloquente parmi eux d'exprimer son contentement.
Pour moi, voyant la tranquillité rétablie, je pensai
qu'après tant de fatigues et de préoccupations, au
lieu de continuer ma course, il était mieux que
je revinsse à Canton. Il y avait un mois, en effet,
que j'avais quitté cette ville et les travaux de
notre Eglise demandaient que j'y revinsse au plus-
tôt. Je pris donc congé de nos Chrétiens et des
payens, distribuant aux enfants les mouchoirs qui
me restaient de la fête de Sancian et m'en faisant
de chauds et fidèles amis. Tous voulurent m'accom-
pagner jusqu'à la barque qui m'attendait, et là,
les bénissant une dernière fois, prenant la main
du père Braud, que je laissais au milieu de ces
dangers, je leur fis mes adieux et gagnai la haute
mer, m'abandonnant au souffle de la divine Providence, qui veille toujours sur nous. Quelques
jours après, j'arrivais heureusement à Canton,
et c'est d'ici, Messieurs et vénérés Directeurs, que
je vous envoie ces quelques détails, que je vous
prie de vouloir bien accueillir avec votre bienveillance ordinaire. En voyant l'horizon qui s'élargit
devant nous, et la moisson qui, déjà, blanchit aux
rayons du soleil de la grâce, oh! je vous en con-
jure, continuez-nous le concours de vos prières et
de votre pieuse assistance, qui peut nous être si

fructueuse en ce moment ; et agréez en retour,
l'expression de sentiments pleins de respect et d'attachement que vous conserve le pauvre Evêque
de Canton, dans l'union toute cordiale formée avec
vous et avec les pieux associés de la belle œuvre
de la *Propagation de l'Evangile.*

✠ Zephyrin Guillemin, év. Pref. Apost.
du Quang-tong, et Quang-si (Chine)

———————

(*Nota*) Aux détails précédents, j'en ajouterai
quelques autres, qui font mieux connaitre l'état
où se trouve la Chapelle de Sancian, et vous apprendront quelques faits qui viennent de se passer
tout récemment.

Iº Besoins de la Chapelle.

1º Obligé de commencer les travaux sans aucune ressource, et sans avoir pu me préparer à
cette grande œuvre, j'ai dû emprunter toutes les
sommes qui y ont été employées, et Dieu sait combien ce travail nous a coûté, étant obligés de
transporter tous les matériaux, tels que pierres,
briques et bois, par mer et à plus de 50 lieues
de distance. Aussi, les chapelles sont bien termi-

nées; je puis dire de plus qu'elles sont bien faites, mais malheureusement elles ne sont point payées; et si quelqu'un se sentait disposé à contribuer à leurs constructions, nous recevrions avec reconnaissance ce qu'il voudrait bien nous donner dans ce but.

Ce n'est pas seulement d'une œuvre matérielle qu'il s'agit ici, ni même de l'honneur à rendre au glorieux S. François Xavier, mais de la conversion de toute une île, dont le principe et l'occasion ont été la construction même de la chapelle. Ainsi, tout en honorant l'apôtre de ces Contrées, nous acheverons l'œuvre qu'il a commencée, et nous aurons notre part dans la sanctification de ces bons insulaires, qui nous devront leur entrée dans l'Eglise du vrai Dieu et par suite leur salut éternel. De mon côté, voulant, autant que je le puis, témoigner ma reconnaissance à ceux qui voudront bien contribuer à une œuvre si importante, je prends volontiers envers eux l'engagement de déposer leurs noms sous la pierre tumulaire du Saint, et de faire un pélerinage à son tombeau, pour remplir à leur égard ce devoir de reconnaissance et de justice.

2° Il y a plusieurs autres choses, qui, sans avoir le même degré d'importance, font néanmoins sentir leur absence dans nos chapelles de Sancian. Les cloches que nous y avons installées, sont évidemment trop petites pour leur destination, et n'ont été placées là que d'une maniére provisoire. Il en faudrait 2 autres pour les remplacer, l'une de 300 livres pour la chapelle du tombeau, l'autre de 400 livres pour la chapelle du village.

3° La chapelle St François n'a pas de balustrade pour servir de table de communion. La largeur du Sanctuaire étant de 4 métres 20 c. en cet endroit, il faudrait également une balustrade de cette dimension, y comprises les deux petites portes.

4° On aimerait voir un chemin de croix dans la chapelle qui se trouve à proximité des villages. Ce serait un excellent moyen d'habituer nos chrétiens à cet exercice religieux pour lequel, en général, ils ont une dévotion marquée. Déjà, l'emplacement des cadres est déterminé, ayant 5 pieds de haut sur 2 de large. Il ne serait pas absolument nécessaire de donner aux tableaux les mêmes dimensions, mais il serait à désirer qu'ils fussent en fonte, plutôt qu'en quelque autre matière, pour les mettre à l'abri de l'extrème humidité qui régne dans ces pays.

5° Si quelqu'un songeait à doter nos chapelles de Sancian de quelqu'un de ces objets, je le prierais bien simplement d'y mettre son nom. La vanité ne saurait y gagner beaucoup à cette distance, et c'est toujours pour nous une vraie consolation, quand nous visitons nos chrétientés, d'y rencontrer le souvenir de nos amis et de nous y retrouver, en quelque sorte, en compagnie de ceux qui veulent

bien nous aider à propager l'Evangile au milieu
de ces pays infidèles.

6° De même que la chapelle St François Xavier,
à Sancian, se recommande à la charité des Fidèles,
de même, si l'on avait à bâtir en Europe une
Eglise ou chapelle en l'honneur de ce Saint, le
sanctuaire de Sancian pourrait offrir trois morceaux
de pierre, d'un pied carré chacun, lesquels ont servi
à la première sépulture du Saint et pourraient entrer dans la construction d'une Eglise ou chapelle
en son honneur.

II° Exécution des Pirates.

Je viens d'apprendre de bien tristes nouvelles au sujet de nos pirates. Le vice Roi de Canton
ayant appris les ravages qu'ils exerçaient dans
le pays, envoya un détachement de 800 hommes
pour les prendre par terre, tandis qu'une petit vapeur mouillé devant leur camp, les tenait bloqués
du côté de la mer. Comme ils étaient renfermés
dans leur petit fort, bien armés et bien équipés,
les soldats n'osérent pas les attaquer ouvertement,
mais ils cherchérent à les attirer hors de leurs
retranchements, en leur faisant des propositions de
paix. Quatrevingtcinq sortirent du fort et se rendirent à l'endroit, où devaient se signer les conven-
tions. Or, arrivés en ce lieu, sans armes et sans

défiance, on les range par ordre, et là, à la lumière de la lune, sans explications et sans autre forme de procès, ces 85 hommes furent impitoyablement massacrés. Le reste du camp, effrayé de cette exécution inattendue, se rendit facilement ; quelques uns s'échappèrent et les autres, au nombre de 450, viennent d'etre amenés à Canton, où l'on ne sait pas encore quel sort leur est réservé.

Je n'ai pu apprendre une semblable nouvelle, sans en être péniblement affecté. Quoique pirates dans toute la force du terme, on trouvait encore chez ces hommes des sentiments de retenue et de modération, qui pouvaient faire espérer un retour à une vie meilleure. Ainsi, tout en se mettant à la poursuite des hommes pour les capturer, ils me firent dire qu'ils ne toucheraient pas à la chapelle S. François, qu'ils n'y mettraient pas le feu, et que je pouvais être parfaitement tranquille à cet égard.

Disons aussi que, s'ils se sont livrés au brigandage, ça a été bien plus par un effet de la nécessité que par le choix de leur propre volonté. Chassés de leur pays, à la suite des guerres intestines que se faisaient les habitants, dépouillés de tout, sans aucun moyen d'existence, il eût été de la sagesse du gouvernement Chinois de pourvoir à leurs besoins, sans les laisser dans l'alternative, ou de mourir de faim on de recourir au vol et à la violence pour soutenir leur vie. Ayant nous-mêmes 1,500 chrétiens qui se trouvaient dans le même cas, nous les avons conduits dans une île abandonnée, où aujourd'hui il défrichent la terre, vivent du fruit de leur travail, et mènent la vie la plus laborieuse, la plus honnête, et, disons le aussi, la plus chrétienne qui puisse se voir. Mon intention était bien de tenter quelque chose de semblable en faveur de ces malheureux pirates, et j'avais tout lieu d'espérer, qu'avec du temps et de la patience, nous pourrions arriver à quelque résultat satisfaisant; malheureusement nos désirs et notre bonne volonté ont été prévenus pas les ordres sévères du vice-Roi. Si nous avons échoué de ce côté, tâchons de nous en dédommager d'autre part; et c'est pour cela que je me propose de reprendre incessamment la route de notre belle Tour de Tin-Taou, qui commande à un village de 10 mille habitants, où tant de chrétiens sont à soutenir, et un bien plus grand nombre de payens à gagner à l'Evangile. Là, le travail et les espérances ne manqueront pas, et en recommandant ces nouveaux projets à votre charité et à votre pieuse assistance, permettez-moi, Messieurs et très-honorés Directeurs, de vous offrir, en même temps, la nouvelle assurance de mes sentiments respectueux et bien dévoués.

3ème LETTRE

—

EMPRISONNEMENT

D'UNE BAPTISEUSE DE LA Ste ENFANCE

À CANTON

—

À Mᵣ DE GIRARDIN,
DIRECTEUR DE L'OEUVRE DE LA Sᵀᴱ ENFANCE
à Paris.

———

MONSIEUR ET TRÈS HONORÉ DIRECTEUR,

Je revenais à peine de Sancian, heureux de
la bénédiction de la chapelle S. François Xavier,
plus heureux encore des bonnes dispositions, que
manifestaient les habitants d'embrasser la foi de
J. C. lorsqu'arrivé à Canton, j'y trouvai la plus
violente tempête déchaînée contre nous. D'une part,
une de nos pauvres baptiseuses saisie, jetée en
prison et condamnée à mort pour avoir recueilli et
baptisé quelques pauvres enfants abandonnés; d'u-
ne autre part, défense à nous de prendre sur les
bords de la mer les pierres qui nous servaient à
la construction de notre Eglise et qui nous sont
nécessaires pour achever cet édifice : on eût dit que
le gouvernement Chinois voulait saper par la base
ces deux grandes œuvres de la mission et arrêter
d'un coup tout le bien qu'elles sont destinées à
produire. Aussi fallait-il s'opposer immédiatement
à des ravages aussi terribles, et allant au plus

pressant, j'entrepris avec le Vice-Roi de Canton une lutte suivie, pour arracher notre pauvre baptiseuse au danger qui la menaçait. Cette première victoire obtenue, il me fallut courir à Pékin, à 700 lieues de Canton, afin d'y faire lever la défense qui m'avait été intimée relativement à l'extraction de nos pierres. Et telles sont, Monsieur et très honoré Directeur, les différentes causes du silence que j'ai gardé envers vous et envers plusieurs amis et bienfaiteurs qui ont à se plaindre de mes retards : silence, je l'espère, que vous me pardonnerez, et que je vais tâcher de réparer, en vous donnant sur l'incarcération de notre pauvre baptiseuse les détails que renferme ce triste et intéressant épisode.

Dès la 1ère année de mon arrivée à Canton, il y a 22 ans, j'avais chargé une pauvre chrétienne de baptiser les enfants abandonnés qui, chaque jour, étaient apportés à l'hospice de la Ville. Pour lui faciliter l'exercice de son ministère, je lui avais loué d'abord, puis acheté une petite maison dans les environs, et chaque jour, de là, elle se rendait à l'hospice, où elle régénérait dans les eaux du baptême les petits enfants qu'elle trouvait en danger de mort. Il s'élevait bien de temps en temps des plaintes et des dénonciations contre elle, mais, comme elles venaient principalement des employés subalternes de la maison, il était facile de les arrêter, en glissant dans la main de leurs auteurs quelques pièces de monnaie qui leur fermaient la bouche. J'avais même établi une petite redevance annuelle à partager entre les principaux officiers de l'Etablissement, afin de les intéresser à notre cause ; et chacun gardant le silence, l'œuvre de Dieu se faisait à petit bruit, et envoyait chaque année cinq ou six cents pauvres enfants se joindre à la troupe glorieuse des anges dans le Ciel.

Un succès si visible et si consolant ne pouvait manquer, tôt ou tard, d'exciter l'opposition de l'esprit du mal. Et, en effet, un petit Mandarin du 2^d ordre, ayant appris ce qui se passait, jugea que l'occasion était favorable pour lui de faire du zèle et d'obtenir de l'avancement ; et en conséquence, il alla trouver le mandarin supérieur, et lui peignit sous les couleurs les plus fausses et les plus hideuses la conduite de notre pauvre chrétienne, lui disant, qu'en baptisant les enfants, elle leur enlevait les yeux, la cervelle et l'âme, et en composait des médicaments que nous vendions nous mêmes en Europe à des prix fabuleux. Il n'en fallait pas davantage pour exciter la cupidité de cet homme vénal, et lui faire regarder la chose comme une mine féconde à exploiter. Il en parle au grand juge de la ville : celui-ci en réfère au Vice-roi : le vice-roi prend l'avis du gouverneur et du Trésorier de la Province, et tous ces gros bonnets réunis en conseil, décident qu'il n'y a pas

à balancer, et qu'il faut, par un exemple de sé-
vérité bien placée, s'opposer au progrès d'un
mal, qui peut avoir de si funestes conséquences
pour l'avenir.

Voilà donc notre pauvre baptiseuse sous le
poids de la plus grave accusation et à la veille
d'être arrêtée par les mains de la justice. Seulement, comme on voulait que la chose se fît sans
bruit, on profita du moment où elle rentrait chez
elle, à la tombée de la nuit, pour la faire saisir
par quatre satellites, qui la conduisirent dans les
prisons de la ville. Le lendemain, le jour com-
mençait à peine à paraître, que déjà la nouvelle
de son arrestation s'était répandue dans tout le
quartier, et que nos chrétiens effrayés venaient
en foule me faire part de leurs alarmes. J'envoyai
aussitôt au tribunal un catéchiste habile et expé-
rimenté, lui recommandant de s'informer exactement
de tout ce qui s'était passé, et surtout de m'apporter une copie authentique du jugement, si déjà
il avait eu lieu, quelque argent qu'il fallût donner pour cela. Le soir même, mon commissionnaire revenait, m'apportant les nouvelles sui-
vantes.

A peine entrée dans sa prison, notre pauvre
baptiseuse fut soumise au plus rigoureux examen.
Pendant plus de deux heures, agenouillée sur une
chaîne de fer, les bras fortement tendus par une
corde qui les maintenait dans une raideur inflexi-

ble, on la questionna sur toutes les phases de sa
vie ; mais à toutes les demandes qui lui furent
adressées, elle répondit toujours avec une sagesse,
une présence d'esprit, qui montraient évidemment,
suivant la promesse de N. S., que c'etait la grâce
de l'Esprit Saint qui parlait en elle. Interrogée
plus spécialement sur son genre d'occupation, elle
déclara franchement que, depuis 22 ans, elle s'occupait du baptême des petits enfants en danger
de mort ; qu'elle le faisait, non dans un esprit
de lucre, ou pour un intérêt matériel, mais uniquement pour sauver l'âme de ces enfants, en
leur appliquant le remède de la régénération établi par le Sauveur des hommes ; que si on désirait de plus amples explications, on n'avait qu'à
s'adresser à l'Evêque, qui l'employait à ce genre
de ministère. Quant aux fausses et ridicules accusations dirigées contre elle, elle les repoussa
avec toute la hardiesse et l'indignation que mé-
ritaient de si odieuses calomnies. « Non, dit-elle,
» nous n'arrachons ni les yeux, ni la cervelle, ni
» l'âme des enfants. Ce serait un crime abomina-
» ble, réprouvé par notre sainte religion, et dont
» la seule pensée nous fait horreur. Vous pouvez
» vous en convaincre, si vous le voulez, en faisant
» déterrer les derniers enfants que j'ai baptisés,
» et vous verrez, à l'inspection de leurs restes,
» que je ne suis point coupable du crime que vous
» m'imputez. Et d'ailleurs, comment saisir l'âme

» de ces enfants ! Que vous m'accusiez de leur en-
» lever les yeux et la cervelle , on le comprend
» encore , mais pour l'âme , qu'on ne voit pas,
» qu'on ne touche pas, qui échappe à toute la puis-
» sance des hommes, c'est bien chose impossible,
» et je défie tous les lettrés de la Chine de me
» contredire sur ce point ! » Cependant, malgré ces
énergiques protestations , il fut consigné sur les
registres du tribunal, que notre pauvre chrétienne,
d'après ses propres aveux, baptisait chaque année
plusieurs centaines d'enfants, que tous ou presque
tous , après cette opération , venant à mourir ,
c'était-bien elle qui leur arrachait les yeux , la
cervelle et l'âme ; qu'elle était digne du dernier
châtiment, et qu'il fallait procéder sans retard à
son exécution !

Telles étaient les nouvelles apportées par mon
commissionnaire , et à ce récit déjà si fidèle , il
joignait une piéce de la plus haute importance
pour nous , une copie prise au greffe même du
tribunal et renfermant tous les chefs d'accusation
et la procédure du jugement. Muni de cette pièce
authentique et presque incroyable, je m'adressai immédiatement à notre consul , pour lui faire connaitre le fait dont il s'agissait et disculper notre
pauvre accusée des infâmes reproches allégués contre elle. Cette première lettre ayant fait peu d'impression, j'en écrivis une autre, dans laquelle je
prenais un ton plus élevé. « *Qu'on y prenne*

» *garde,* disais-je à notre Consul, *c'est moins cette*
» pauvre femme qui est en cause que moi ; car,
» c'est moi qui, depuis vingt-deux ans, l'emploie
» à ce ministère de charité et de paix. C'est moi
» qui lui trace la conduite qu'elle doit suivre,
» et qui lui donne sa modeste rétribution de quel-
» ques piastres par mois. Si donc, elle est cou-
» pable, je le suis aussi: si on l'appelle en juge-
» ment, qu'on me mette également en accusation,
» et alors je suis prêt à rendre compte de ma
» conduite, non seulement en présence des Man-
» darins et du Vice-roi, mais encore devant l'Eu-
» rope entière, qui saura bien faire justice de
» ces vieilles et ridicules accusations, qu'on pou-
» vait se permettre autrefois, mais qui ne sont
» plus de saison aujourd'hui! »

Notre Consul examinant la question de plus
près, fut sans doute peu rassuré sur les conséquences qu'elle pouvait avoir. Car le lendemain,
il envoya son chancelier chez le Vice-roi, avec
ordre de faire son possible pour obtenir la délivrance de cette femme, et il me prévint en même
temps de cette démarche, ajoutant qu'il m'enver-
rait son chancelier à son retour, pour me faire
savoir ce qu'il aurait obtenu. J'attendis donc avec
la plus vive inquiétude le résultat de cette tentative, et je vis bientôt arriver Mr le Chancelier,
l'air attristé, et me prévenant tout d'abord qu'il
avait une mauvaise nouvelle à m'annoncer. « *Le*

» *vice-roi par égard pour vous,* me dit-il, *consent*
» bien à adoucir la peine portée contre cette pauvre
» femme, c'est-à-dire qu'au lieu d'être coupée en
» cent morceaux, comme elle y avait été condamnée,
» elle aura simplement la tête tranchée. Mais, c'est
» tout ce que peut faire le vice-roi, et son Excel-
» lence ne saurait en aucune maniére lui faire grâce
» de la vie, et lui rendre la liberté. »

Hélas ! quelque affligeante que fût pour moi
cette nouvelle, elle n'avait rien pourtant qui pût
grandement me surprendre. Le dirai-je? peu d'heures
avant de recevoir cet étrange message, un petit
mandarin, attaché au tribunal des Crimes, était
venu me voir, et m'avait prévenu que le vice-roi,
avant d'arrêter notre pauvre chrétienne, s'était
prudemment adressé au Consul, pour savoir s'il
s'opposerait à cette arrestation, et que celui-ci
lui avait répondu, *qu'il ne s'occupait pas des affaires des chrétiens.* Le vice-roi pouvait donc se
regarder comme assuré du succès de son entreprise. Il lui était pénible, peut-être même difficile de revenir sur les décisions prises, surtout
après s'être concerté avec les trois principaux
mandarins de la Province, qui tous entraient
dans cette combinaison et cette manière d'agir.
Aussi, voyant que le danger devenait dè plus en
plus grave et pressant, je crus devoir à mon tour
parler avec toute la liberté possible. M'adressant
donc au Chancelier:

« Monsieur le chancelier, lui dis-je, vous m'an-
» noncez que le Vice-roi, par égard pour moi,
» veut bien se contenter de décapiter cette pauvre
» femme, sans la faire couper en cent morceaux,
» comme la chose avait été décidée précédemment.
» Eh bien ! ayez aussi la bonté de transmettre
» au Vice-roi les paroles que j'ai l'honneur de vous
» adresser ici. N'y changez pas un mot, je vous prie.
» Vous voyez le terrain où nous sommes et où
» je vous parle en ce moment ! Il n'y a que dix
» ans encore, qu'il servait d'habitation au Vice-roi,
» tandis qu'aujourd'hui il est devenu la demeure
» et la propriété de pauvres missionnaires, sans
» forces et sans appui. Et d'où vient donc la cause
» d'un renversement si extraordinaire ? De l'im-
» pudence du cruel Yeh, qui, lui aussi, a cru pou-
» voir faire tomber la tête d'un de nos confrères,
» le P. Chapdelaine, et de s'en vanter, comme d'un
» titre de gloire ! Que le Vice-roi actuel fasse cou-
» per la tête d'une pauvre femme, ça lui est fa-
» cile, il peut en faire abattre deux cents, s'il le veut !
» Mais quelles seront les suites de sa cruauté,
» c'est ce qui reste à savoir, et ce dont vous n'avez
» pas l'air de vous occuper. Pour moi, je vous dé-
» clare que, si la chose a lieu, j'écrirai immédia-
» tement à tous nos Vicaires Apostoliques, pour
» me plaindre, et leur faire connaître un acte de
» barbarie qui les regarde tous autant que moi.
» J'écrirai à tous nos Evêques de France, au Sou-

» verain Pontife, à notre Empereur, qui ont droit
» de connaître un fait si injurieux à notre sainte
» religion: les journaux en retentiront dans l'Eu-
» rope entière, et alors nous verrons à qui, en
» dernier lieu, restera la victoire, et si le Vice-roi
» aura bien lieu de se réjouir d'une action qui le
» compromet et l'avilit aux yeux du monde en-
» tier! »... Et, après avoir dit ces mots, je priai
M^r le Chancelier de vouloir bien se retirer, pour
aller remplir le nouveau message dont il était
chargé, ajoutant que, désormais lui et M^r le Consul pouvaient faire ce qu'ils voudraient, mais que,
pour moi, je ne leur ouvrirais plus la bouche au
sujet de cette affaire!

J'avais rempli mon devoir en soutenant les
droits de la justice, de la religion et de l'huma-
nité; mais néanmoins, dans la crainte que mes
paroles servissent peu, je pensai qu'il était prudent de procurer à notre pauvre prisonnière les
derniers secours de la religion. Je demandai donc
qu'il fût permis à un Prêtre de se rendre auprès
d'elle et de lui conférer les derniers sacrements
de l'Eglise. Ma demande fut octroyée, et je m'em-
pressai de lui envoyer un de nos missionnaires.
Il la trouva dans un pénible état de souffrances,
ayant eu à subir un nouvel interrogatoire pendant la nuit, agenouillée sur une chaîne de fer,
les bras fortement tendus par une corde tirée
en sens contraire, et portant sur sa figure les

traces des soufflets qu'elle avait reçus. Mais,
au milieu de ces épreuves, elle était restée ferme
et tranquille, offrant à Dieu ses rudes souffrances
et se reposant avec confiance sur le sein de sa
miséricorde. Le missionnaire l'encouragea, enten-
dit sa confession, et lui administra le pain des
forts qu'il avait apporté avec lui, pour lui donner
cette consolation et cet appui au moment du suprême danger. Mais de là même surgit un nouveau sujet d'accusation contre nous. Les satellites, témoins de cette cérémonie, en firent
leur rapport au Vice-roi, et de toutes parts,
on en conclut que nous avions donné à cette
pauvre malade un poison pour la soustraire à l'igno-
minie d'une éxécution sanglante, ou tout au moins
un médicament pour l'ensorceler et rester maîtres
de sa volonté, en l'enchainant à la nôtre. On alla
jusqu'à dire, que je me laissais tromper par de mau-
vaises femmes indignes de la commisération publique, et que je devais apporter plus de sagesse
et de discrétion dans l'appui que je me permet-
tais de donner à ceux qui recouraient à moi. Et
cette parole venait moins de nos ennemis que de
ceux qui étaient chargés de nous protéger, et qui
semblaient faire leur possible pour montrer que la
culpabilité, dans cette affaire, était toute de notre côté!

Cependant, l'orage loin de diminuer, dévenait
de plus en plus menaçant. Un jour, un homme as-

sez bien vêtu, ayant les allures d'un petit mandarin, vint tout pâle et tout tremblant me trouver,
en me disant qu'il avait une confidence à me faire,
et me demandant le secret. Le lui ayant promis;
« c'est moi, me dit-il, qui ai donné à votre ca-
» téchiste la copie des interrogations et des juge-
» ments prise au greffe même du tribunal. Le Vi-
» ce-Roi, instruit de cette communication, cherche
» partout à savoir quel en est l'auteur, et il a
» déclaré que, s'il le trouvait, il le ferait immé-
» diatement mettre à mort! Je viens donc vous
» prier de me rendre cette piéce, si vous l'avez en-
» core, afin que mon écriture ne soit pas reconnue.
» Si au contraire, vous l'avez donnée, ayez la bonté
» de me le dire, afin que je puisse partir de suite
» et échapper au danger qui me menace. — Soyez
» tranquille, lui répondis-je, votre papier est entre
» mes mains, et personne autre que moi et mon
» catéchiste ne l'a vu, en sorte que vous pouvez
» être parfaitement rassuré de ce côté-là. Je vais
» vous le remettre, en me contentant d'en prendre
» une copie, dont j'ai besoin et qui ne peut vous
» compromettre en rien. » Et quelques instants
après, je remettais effectivement l'écrit entre les
mains de ce pauvre homme, qui semblait passer
de la mort à la vie, et qui ne savait comment me
témoigner sa reconnaissance. Et comme il m'offrait un petit présent en rapport avec sa position, « non, lui dis-je, je ne puis rien recevoir:

» c'est un service que je vous dois après celui que
» vous-même vous m'avez rendu. Tout ce que je
» vous demande, c'est que, dans 3 jours, vous
» veniez me voir pour me dire s'il y a quelque chose
» de nouveau dans notre affaire : mais du reste,
» vous pouvez compter sur ma parfaite discrétion:
» c'est celle des adorateurs du vrai Dieu! »

Quelques jours après, ce brave homme revint
en effet, soit pour me remercier encore, soit pour
m'apprendre le mécontentement du Vice-Roi qui,
ne pouvant pas trouver l'auteur de la pièce livrée,
faisait tomber sa colère sur tous ses employés.
Les autres principaux Mandarins n'étaient pas
moins mécontents et embarrassés. D'une part, ils
auraient voulu, d'une voix unanime, condamner cette pauvre femme à la mort, au moins pour faire un
exemple, et arrêter l'œuvre du baptême des petits
enfants; d'une autre part, ils savaient que j'avais
entre les mains toutes les pièces de la procédure et
les ridicules accusations, aux quelles on avait eu
recours dans cette affaire ; ils voyaient que notre
Consul, auparavant si leste, devenait soucieux, et
leur avait même dit qu'il pourrait bien y perdre sa
place. Tout cela était loin de les rassurer: ils ne
cessaient de se réunir et de proposer moyens sur
moyens, pour sortir honorablement du mauvais pas
où ils s'étaient engagés. Le peuple, de son côté,
était fort attentif à tout ce qui se passait, et cher-
chait à savoir quelle serait la fin d'une lutte en-

gagée entre leurs Mandarins et les étrangers, et qui, au point où elle était arrivée, présentait les plus grands embarras. Enfin, un mois s'était écoulé au milieu de ces perplexités, et à voir l'hésitation de plus en plus grande dans laquelle on se trouvait, déjà on pouvait prévoir que notre pauvre prisonniére ne souffrirait pas la peine capitale, au moins d'une manière publique et infâmante. Mais que pouvait-il lui arriver dans l'intérieur de la prison et quel sort l'attendait au fond de son cachot, c'est ce que nous ne savions pas et ce qui était pour nous le sujet de cruelles inquiétudes ! Tout le monde en parlait dans ce sens, et tant de malheureux, en Chine, trouvent la mort dans les prisons, d'une manière ou d'une autre, que nos craintes n'étaient pas sans fondement. Notre courageuse héroïne n'avait guère à s'en inquiéter, et quelqu'eût été sa fin, elle n'avait qu'à partir avec confiance, sûre de la belle couronne que lui tenaient préparée tant d'enfants, à qui elle avait elle-même ouvert les portes du Ciel. Mais il n'en eut pas été ainsi pour le bien de la mission. La mort de cette martyre de la charité, soit qu'elle vînt du glaive du bourreau, soit quelle fut occasionnée par quelque cause occulte et dissimulée, n'aurait pas manqué de jeter la consternation parmi nos chrétiens, déjà effrayés au delà de toute mesure de ce qui était arrivé. Elle eut donné aux Mandarins et aux payens une nouvelle audace, pour s'élever contre nous. Puis enfin, cette pauvre victime succombant sans témoins dans sa prison, on n'aurait pas manqué d'attribuer ce fait à quelque accident particulier, et nous perdions par là l'occasion et le motif de réclamer auprès du Gouvernement Français contre l'infraction d'un des points les plus essentiels de nos traités. Je crus donc qu'il fallait faire les derniers efforts pour briser les fers de notre pauvre captive, et Dieu aidant, l'occasion s'en présenta d'une manière toute naturelle.

Quelques jours auparavant, le gouverneur de Hong-Kong m'avait envoyé son offrande pour la chapelle de Sancian. Je le remerciai de sa pieuse générosité, ainsi que Madame la Gouvernante, et je profitai de la circonstance pour leur apprendre l'incarcération de notre pauvre baptiseuse, l'injustice de sa condamnation et la douleur que j'en éprouvais. Mme la Gouvernante partagea sans peine mes sentiments et me répondit aussitôt, qu'elle ferait son possible, pour nous venir en aide, non pas d'une manière directe et officielle ; car, elle ne le pouvait pas, mais d'une manière officieuse, en intéressant à notre cause plusieurs personnes influentes et distinguées, qui pourraient nous servir. J'appris effectivement depuis, qu'elle avait bien voulu en écrire au consul anglais de Canton Mr Robertson, lequel voyant le Vice-roi, lui fit comprendre qu'il s'engageait dans une fausse voie, que pour l'exécution d'une pauvre femme ignorée et sans crédit, il allait soulever contre lui des difficultés dont il n'était pas sûr de sortir à son avantage, et qu'il l'en prévenait d'autant plus volontiers, que lui, Consul anglais de Canton, n'avait rien à voir dans cette question, et qu'il ne lui en parlait que dans son intérêt et celui du gouvernement chinois.

Cette observation, toute simple et toute naturelle, produisit tout l'effet que nous pouvions en attendre. Le Vice-roi comprit que, sous tous les rapports et à tous les points de vue, il était de la prudence et de son intérêt de ne pas s'aventurer dans une affaire qui pouvait amener de si fâcheuses conséquences, et il se détermina à remettre notre pauvre prisonnière en liberté. Il en fit part à notre Consul qui, à son tour, m'en donna connaissance; mais déjà la voix publique proclamait la chose partout, et en faisait honneur au Consul anglais, bien plus qu'au nôtre. C'était, dit-on, par la voie des Mandarinats que cette dernière circonstance etait connue. Quoiqu'il en soit, cette nouvelle produisit la meilleure impression sur le public, qui s'attendait, d'un jour à l'autre, à voir exécuter notre pauvre baptiseuse, et qui comprit que le gouvernement chinois, malgré ses tendances particulières, avait encore à compter avec nous et avec nos chrétiens. Comme le jour de sa délivrance avait été fixé au Dimanche, et qu'on me demandait, où je désirais qu'elle fût remise, je répondis qu'on n'avait qu'à l'amener à la chapelle des Chretiens, que de là, je l'enverrais chez elle; et je fis dès lors préparer tout ce qui était nécessaire pour sa digne réception.

Le Dimanche, 5 Septembre, étant donc arrivé, on vint, dès le grand matin, m'annoncer que notre prisonnière arrivait en chaise, accompagnée de quelques soldats qui lui servaient d'escorte. Conduite à la chapelle, elle fut reçue avec un vrai sentiment de joie par nos chrétiens, heureux de la revoir, de s'informer des différentes circonstances de sa captivité, et de lui témoigner tout le religieux et affectueux intérêt que leur inspiraient ses souffrances et la conduite pleine de courage qu'elle avait sû garder au milieu de ses épreuves. Tous se pressaient autour d'elle, lui prenaient les mains et voulaient lui donner une marque spéciale de leur pieux attachement. Pour elle, elle voulut aussi exprimer à Dieu sa gratitude pour sa délivrance et l'appui tout spécial qu'elle en avait reçu pendant son emprisonnement; et ce ne fut pas un petit sujet d'émotion et d'édification, lorsqu'au moment de la communion, on la vit, encore toute faible et toute chancelante, quitter sa place et aller s'agenouiller à la table sainte, pour s'offrir à Dieu et lui rendre publiquement ses actions de grâce. Au sortir de la messe, elle regagna son habitation, mais ici encore se préparait une autre scène, pleine de consolation pour elle, et bien honorable pour notre sainte religion.

Un certain nombre de payens habitant la même rue qu'elle, et instruits de sa délivrance, vinrent pour la chercher et la conduire chez elle. Déjà, deux fois, pendant sa captivité, ils m'avaient envoyé une protestation, témoignant de sa parfaite innocence, et me priant par toutes les instances possibles d'intervenir en sa faveur. Et, comme je leur demandais s'ils ne craignaient pas de se compromettre, en se mettant ainsi en évidence aux yeux des mandarins; « *non,* me répondirent-ils hardiment, *nous craindrions bien plus de laisser périr l'innocence, sans venir à son secours!* » Belle et touchante conduite de la part de nos Cantonnais, qui sont bien les plus fiers et les plus redoutés de tous les Chinois, mais qui en sont aussi les plus sûrs et les plus fidéles, quand ils sont dans la bonne voie. Aussi, apprenant que notre pauvre chrétienne avait été mise en liberté, ils vinrent en foule pour la chercher, et c'est avec peine que j'ai pu les faire renoncer à une démonstration trop bruyante, et qui eût pu faire croire aux mandarins, que nous voulions les insulter par l'éclat donné à notre victoire. On se contenta donc de la transporter chez elle, renfermée simplement dans un palanquin. Mais là, rien ne s'opposait plus à l'expansion de la joie, et dans la soirée, bon nombre de chrétiens et de payens réunis à la même

table, festoyérent ce jour par de copieuses libations,
qui ne firent que cimenter l'union qui, déjà, exis-
tait entre eux. Les frais du festin furent à notre charge, comme on le comprend bien; mais nous-
mêmes, nous en avons tiré notre profit, en intro-
duisant parmi les joyeux convives de bons et habiles catéchistes, qui profitant de l'occasion, leur
ont annoncé la bonne nouvelle de l'Evangile, et
pourront continuer après d'eux ce ministère de
charité et de salut. Et, qui sait si Dieu ne voudra pas se servir de cette occasion pour attirer
à lui plusieurs de ces bons payens, qui se sont
montrés si dignes et si dévoués envers les siens!

Ainsi s'est terminée cette grave affaire, qui
pouvait avoir les conséquences les plus fâcheuses
pour nous, et qui, grâces à Dieu, s'est tournée
toute à l'avantage de notre sainte religion, en la
faisant mieux connaître, en montrant l'influence
dont nous jouissons, et la crainte qu'ont les mandarins de se compromettre avec nous; mais surtout, en faisant tomber les préjugés et les reproches qui, depuis quelque temps, s'accumulaient
contre l'œuvre si belle de la sainte Enfance. Cette
question ayant été examinée et débattue juridique-
ment, on sait fort bien aujourd'hui à quoi s'en
tenir à cet égard. On comprend non seulement
qu'il n'y a rien de vrai dans les accusations lancées contre elle, mais encore que c'est une œuvre
de charité et de dévouement qu'on ne saurait as-

sez soutenir. Les protestants eux-mêmes n'ont pas été insensibles au succès que nous avons obtenu, et partout, sur ma route, de Canton à Pékin, j'ai pu recevoir de leur bouche les témoignages de sympathie qu'ils portent à cette institution et à nos travaux apostoliques.

A nous maintenant de profiter d'un si heureux résultat, et déjà nous avons commencé à le faire dans la mesure de notre pouvoir et de nos ressources. La maison de notre pauvre baptiseuse ayant été vendue pendant sa captivité et à notre insu, autant pour subvenir à ses besoins, que pour avoir un moyen d'adoucir la férocité des satellites préposés à sa garde, nous l'avons rachetée des deniers de la Sainte Enfance, et nous y avons réinstallé son ancienne propriétaire. Nous avons fait connaitre à nos chrétiens la protection dont le Ciel nous avait couverts et nous avons profité de l'occasion, soit pour leur tracer de nouvelles régles à suivre dans l'administration du baptême des petits enfants, soit pour fonder des écoles dans les endroits qui n'en ont point encore. Espérons que, de son côté, la Ste Enfance nous viendra en aide, et nous donnera les moyens de réaliser un bien qui est non seulement le but spécial de l'œuvre de la Sainte Enfance, mais encore un honneur pour notre sainte Religion, un sujet d'édification pour les peuples, et un moyen de les gagner à J. C. objet de tous nos travaux dans ces pays lointains, et à qui soit amour, honneur et gloire dans les siècles des siècles.

C'est en lui, Monsieur et très-honoré Directeur, que je vous envoie mes cordiales et bien respectueuses salutations, et c'est par lui aussi que je vous prie d'agréer les sentiments pleins de gratitude avec lesquels je suis,

Votre bien dévoué et reconnaissant serviteur

† ZEPHYRIN GUILLEMIN EV. PREF. APOST.
du Quang-tong et Quang-si.

4ME LETTRE

A M. LE DIRECTEUR DE L'UNION FRANC-COMTOISE

—

VOYAGE À PÉKIN

———

Extrait de L'union Franc-comtoise
du 15 Mars 1870.

Pékin, 20 novembre 1869.

EXTRAIT

DE L'UNION FRANC-COMTOISE
du 15 Mars 1870.

———

MONSIEUR ET TRÈS HONORABLE DIRECTEUR,

Au moment où tous nos Vicaires apostoliques quittent les points les plus éloignés de leurs missions pour se rendre à la grande Assemblée de Rome, vous serez sans doute surpris de recevoir une lettre venant de Pékin, et écrite par un autre Vicaire apostolique, qui semble s'éloigner et fuir jusqu'aux extrémités du monde. Environné de difficultés sans cesse renaissantes et de plus en plus inquiétantes, j'ai dû, en effet, quitter mon poste de Canton, pour aller jusqu'au centre de l'Empire, exposer aux représentants de notre Légation et aux premiers ministres du gouvernement chinois les nombreux embarras où je me trouve, et leur demander une justice qui m'est refusée partout ailleurs. Telle est la raison de mon éloignement; mais au milieu des préoccupations de ce long voyage, je n'ai pas oublié, Monsieur et très honorable Directeur, que j'ai un devoir à remplir envers vous, et je suis heureux de pouvoir m'en acquitter aujourd'hui, au sein même de la capitale de cet Empire.

Remerciments à M^r. le Directeur.

Laissez moi d'abord, Monsieur et très honorable Directeur, vous remercier de la part que vous avez bien voulu prendre à la construction de la petite et intéressante chapelle que nous avons élevée dans l'île de Sancian, à l'endroit même où l'apôtre de ces contrées, St François Xavier, a terminé son glorieux apostolat. Mr. le Cte de Lallemand, Ministre plénipotentiaire de France en Chine, m'a fait savoir, qu'informé par lui de cette entreprise, vous aviez immédiatement ouvert les colonnes de votre journal à une souscription destinée à nous venir en aide. Déjà, je l'ai prié de vous en témoigner ma reconnaissance; mais je croirais laisser une lacune à l'expression de ma gratitude, si je ne vous en remerçiais pas moi-même directement, et si je ne vous disais, combien je suis touché de tout ce que nos chers Francomtois ont fait pour nous aider dans cette œuvre vraiment catholique.

C'est, en effet, un Francomtois et un compatriote, M^r. le Cte de Lallemand, qui, lors de son passage à Canton, en 1867, nous a obtenu du Gouvernement chinois la restitution de ce précieux terrain, et je dois ajouter que c'est là le premier acte d'autorité de notre Ministre en Chine. Vous venez bientôt après lui, pour nous aider à y élever une chapelle, et j'apprends que son Eminence, Mgr. le Cardinal de Besançon, a bien voulu recommander cette œuvre à la pieuse générosité de ses Diocésains. Aujourd'hui, la chapelle St François s'élève gracieusement sur le roc solitaire, où ce grand apôtre a terminé sa glorieuse carrière. Un peu plus loin, à proximité des villages, se trouve une autre chapelle destinée à recevoir les nouveaux chrétiens, ainsi qu'une école pour les enfants et une habitation pour le missionnaire, et ce qui est pour nous un plus grand sujet de joie, c'est que cette île, qui compte 22 villages et une population de 8 à 10 mille habitants, nous donne l'espoir fondé, qu'avant peu de temps, elle aura abandonné le culte de ses Idoles, pour embrasser la foi du vrai Dieu. Grâces soient donc rendues à notre cher pays pour la part qui lui revient dans l'exécution de cette grande œuvre! Son nom et sa générosité resteront à jamais inscrits sur la terre et la chapelle de Sancian.

Tombeaux du P. Parennin et du F. Attiret.

Mais, du reste, ce n'est pas le seul souvenir que le nom Francomtois ait laissé dans ces contrées. Comme le disait dernièrement un de nos brillants orateurs, M^r l'Abbé Besson de Besançon, en rappelant la mort du vénérable Mr. Rigaud, assommé au pied même de son autel, les noms des PARENNIN et des ATTIRET sont restés célèbres dans les annales de la religion et de la science en Chine. On sait tout le lustre dont s'est couvert le P. Parennin, soit en accompagnant l'Empereur dans ses voyages de Tartarie, et en lui donnant des leçons de physique et de mathématiques en une langue qu'il parlait aussi bien que les hommes les plus habiles du pays, soit en amusant et étonnant les Mandarins par les expériences curieuses qu'il faisait devant eux, soit en nous laissant ses intéressants récits, qui sont encore aujourd'hui un des plus beaux ornements des lettres édifiantes et curieuses. Là j'ai pu puiser de précieux documents, lorsqu'il s'agissait pour nous de réclamer un terrain à Canton, et que j'avais à prouver nos droits sur les anciens édifices que la religion possédait autrefois dans la ville et l'intérieur de la province. Enfin, missionnaire aussi pieux et zélé que savant distingué, il comptait dans la ville et les environs de Pékin, plus de 10 mille néophytes convertis par ses soins; et c'est lui, en particulier, qui a eu la plus grande part dans la conversion du Prince Paul, dont il fait un récit si touchant dans ses lettres !

Le Frère Attiret, de Dole, se distinguit par un talent tout particulier pour la peinture. Occupé aux travaux de son art dans l'intérieur du palais, ce bon Frère se mettait à pleurer, lorsque l'Empereur allait le voir et inspecter ses beaux ouvrages. Et comme celui-ci lui en demandait la raison, « eh !

» comment, Sire, lui répondait-il, ne pleurerais-je
» pas, quand je vois la religion que je pratique,
» honteusement bannie de votre Empire, et mes con-
» frères qui la prêchent, jetés en prison comme d'in-
» signes malfaiteurs. Vous le savez, nous ne recher-
» chons ni les richesses ni les honneurs de ce mon-
» de; nous ne demandons qu'à servir le Seigneur du
» Ciel et Votre Majesté, et nous ne saurions que
» gémir profondément, lorsque nous voyons nos in-
» tentions méconnues et que nous sommes nous mê-
» mes traités comme de vils scélérats! » Et l'abondance de ses larmes achevait ce que la beauté de son
travail avait commencé. L'Empereur ne savait
plus refuser à tant de simplicité et de talent ce
qu'il avait refusé aux suppliques de plusieurs autres, et il finissait par retirer les édits de persécution lancés contre la religion chrétienne. Aujourd'hui encore, on voit dans l'ancienne cathédrale
de Pékin un tableau peint par ce bon frère, et représentant l'intérieur d'une Eglise européenne,
mais avec une perspective si bien observée, que
les chinois ne peuvent se lasser d'admirer ces lon-
gues allées, ces colonnes, ces arcades, et cette quantité de personnes se dessinant sur un plan uni et
allant se perdre dans un lointain infini! Art encore à l'état d'enfance, ou plutôt encore entièrement inconnu en Chine!

Or, je ne pouvais parcourir les lieux illustrés
par les travaux et la mort de ces deux et illus-

tres compatriotes, sans visiter leurs tombeaux et rendre mes devoirs à leur mémoire. Un jour donc, réunis en petite caravane et montés sur les chevaux de l'Empereur qui nous avaient été prêtés, sans doute, à son insu, nous nous acheminâmes vers le cimetière des anciens missionnaires, situé à 1 ou 2 lieues de Pékin ; et je ne saurais dire l'impression profonde que j'éprouvai, lorsqu'entrant dans cette vaste enceinte, j'y vis réunies, au nombre de plus de 200, les tombes de ces hommes remarquables, qui, par leur science et leurs vertus, ont su pénétrer à la cour de l'Empereur, s'y faire respecter, aimer, et y exercer une véritable influence, lorsque les portes de cet immense Empire restaient fermées au reste de la terre ! Gloire à la religion catholique qui a laissé ici un si beau titre à l'estime et au respect de la postérité ! Gloire à la France et à son Roi qui envoyaient leurs missionnaires en Chine, décorés du nom de Mathématiciens de Louis le grand ! gloire à la Compagnie de Jésus, qui a si bien compris les besoins de cette époque, et qui a trouvé, parmi ses membres, des sujets assez nombreux et assez distingués, pour remplir ce rôle brillant et à jamais mémorable! Gloire aussi aux enfants de S. Vincent de Paule, qui recueillant l'héritage des premiers, ont su le conserver et l'entretenir avec un zèle et un dévouement qui, jamais, ne se sont démentis!

A l'entrée du cimetière, de chaque côté de la

porte, formée de deux énormes battants en pierre, s'élévent deux beaux mausolées érigés par l'Empereur Kang-hy à la mémoire de ceux qui reposent
en ce lieu. Puis, viennent sur plusieurs lignes
les tombes des missionnaires en marbre blanc, avec
des inscriptions latines et chinoises exprimant le
nom, la patrie, les mérites et le genre de mort de
chacun. Celle du P. Parennin porte l'inscription
suivante :

D. O. M.

DOMINIC.	IN MISSIONE SINENSI
PARENNIN,	ANN. XLIII,
GALLUS,	OBIIT PEKINI
SOCIETATIS JESU	DIE XXIX SEPT.
PROFESSUS,	ANNO DOM.
VIXIT IN	MDCCXLI,
SOCIETATE	AETATIS
ANN. LVII;	LXXVII.

Le P. Parennin est donc entré dans la Compagnie de Jésus, en 1664, à l'âge de 20 ans. Il est
venu en Chine en 1698, à l'âge de 34 ans. Il y a
passé 43 ans, et est mort en 1741, à l'âge de
77 ans: belle carrière, consacrée toute entière à
l'œuvre des missions et à la propagation de l'Evangile !

Sur le revers de la pierre tumulaire, placée
sur champ, se lit cette autre inscription, tracée
en caractères chinois, et dont la traduction litté-
rale est celle-ci:

D. O. M.

MONUMENTUM AVO PA IESUITAE ERECTUM !

**Nuntiatum est Imperatori reverendissimum avum Pa,
postquam annos 43 pro Imperio laboraverit, morbo confectum
vita decessisse, anno 6. Imperatoris Kien-long, luna 8, die 20.
Inde, iubente Imperatore, ex aerario publico allata sunt
200 taelia argenti et 10 telae serici panni pro dicti Domini
Dominici sepultura, viri prudentis et fidelis !**

A quelque distance du tombeau du P. Parennin se trouve celui du Frère Attiret, avec l'inscription latine suivante:

D. O. M.

DIONYSIUS	IN MISSIONE
ATTIRET,	ANN. XXX,
GALLUS,	OBIIT PEKINI
SOC. JESU.	DIE VIII DECEMB.
VIXIT IN SOC.	ANNO MDCCLVIII.
ANNIS XXXIII,	AETATIS LXVI.

Le Frère Attiret est donc entré dans la Compagnie de Jésus en 1625, à l'âge de 33 ans. Il

est venu en Chine en 1728, à l'âge de 36 ans.
Il y a passé 30 ans, et est mort en 1758, à l'âge
de 66 ans. Sur le revers de la pierre, se lit une
autre inscription chinoise, ainsi conçue:

MONUMENTUM D. WOUONG TSI–CHING ERECTUM.

**D.Wouong Tsi-ching, Iesuita, Gallus, perfectionis amore,
Patres Iesuitas, ad praedicandam fidem secutus est. Qui,
cum annis 30 in aula Imperiali laborasset, 66 annos natus
vita decessit.**
**Ipsius morte Imperatori annunciata, eodem die Imperator
ex aerario publico pro eius sepultura misit 200 taëlia argenti, quae quidem accepta sunt.**

C'est quelque chose de merveilleux en Chine,
qu'un tombeau soit élevé aux frais de l'Empereur
ou par ses ordres. Il devient dès lors l'objet d'un
culte public, auquel personne n'oserait toucher,
et c'est ce qui explique la parfaite conservation
de ces monuments, malgré les nombreuses persé-
cutions qui ont souvent menacé de les renverser.
C'est ainsi qu'aux portes mêmes de Canton, nous
avons le tombeau du P. Parenna envoyé par
l'Empereur Kang-hy, comme son ambassadeur à
la cour de Louis XIV, et auprès du Pape alors
régnant; et non seulement il est resté intact, mais
encore chaque année, jusqu'au moment où je
l'ai réclamé et en ai obtenu la restitution, les
premiers Mandarins de la ville devaient venir lui
offrir leurs hommages et s'acquittaient fidèlement
de ce devoir: tant est grand parmi les chinois le

respect pour les morts et l'autorité de leur Empereur !

Autour des tombeaux du P. Parennin et du F. Attiret, se trouvent ceux des autres missionnaires qui ont terminé en ce lieu leur course apostolique. On y voit, en particulier, les tombeaux du P. Mathieu Ricci, le premier dans ces derniers temps, qui ait porté en Chine la lumière de l'Evangile et introduit ses Confrères à la cour de l'Empereur: ceux du P. Adam Schall, dont la mère descendait de l'illustre famille des de Mérode, du P. Verbiest, Gerbillon, Amiot, Gaubil, d'Entrecolles, Bouvet, de Mailla, de Méricourt, tous hommes supérieurs par leurs vertus et leurs talents. Quelques uns, comme aux Catacombes de Rome, portent encore l'indication ou les traces de la mort violente qu'ils ont endurée pour le nom de J. C. et parmi ceux-ci, j'en ai vu avec grand plaisir deux appartenant à la Congrégation des missions étrangères, Mr Joseph Delpont et Mr Etienne Devant, missionnaires du Sutchuen, de chacun desquels on lit ces belles paroles: *Obiit Pekini, in Vinculis pro Christo, anno 1785,* l'un à l'âge de 31 ans, l'autre agé de 44 ans ! A tous nous donnâmes une petite prière, une bénédiction, demandant, en même temps, à Dieu de marcher sur leurs traces et de ne jamais nous écarter de la voie qu'ils nous ont si glorieusement tracée. Mais, ce n'est pas cette fois seulement que je leur ai payé ce tribut de ma vénération; car il y a quelque chose de si beau, de si touchant dans ces tombeaux qui renferment les précieux restes de nos missionnaires, ainsi relégués jusqu'aux extrémités de laterre, que j'ai voulu, à plusieurs reprises, venir y renouveler ma visite, mes prières et y chercher un sujet à mes méditations!

Vallée des Tombeaux.

Pékin est vraiment remarquable par ses tombeaux! Après avoir visité ceux de nos missionnaires, il me restait à voir ceux de la dynastie des Ming, placés au fond d'une vallée solitaire, et célèbres par la grandeur et la magnificence vraiment surprenantes qu'on y a déployées. Rien de beau et de grandiose comme ces superbes mausolées, qui couvrent les cendres de tant de monarques, et qui nous rappellent ce que Job disait déjà des lugubres et royales sépultures de son temps : *dormiens silerem cum regibus et consulibus terræ, qui ædificant sibi solitudines*. Et, bien qu'il ne s'agisse plus d'un souvenir de la patrie, il ne nous sera pas désagréable, je pense, Monsieur et très-honorable Directeur, de trouver ici quelques détails sur un point aussi intéressant!

A 12 ou 15 lieues au nord de Pékin, se trouve donc la belle et intéressante vallée, choisie par la dynastie des Ming, pour servir de sépulture à la dépouille sacrée de ses rois. Elle a environ 2 lieues de long sur un quart de lieue de large. On trouverait difficilement ailleurs un endroit plus triste, plus solitaire et répondant mieux à l'idée de sa lugubre destination. Les montagnes à pic qui l'environnent, l'enferment comme d'un mur infranchissable, et y conservent un silence et un air de solitude qui n'est troublé ni par la voix des animaux, ni par aucun travail humain. A peine si, par ci par là, sur la crête des rochers ou sur le flanc des montagnes, apparaissent quelques sapins, dont l'aspect sévère se mêle aux blocs de granit qui les environnent. D'autres, renversés par le temps, couvrent le sol de leurs énormes débris, et sont là comme un témoignage permanent de l'empire de la mort sur tout ce qui existe. Il n'est permis à personne d'y toucher, et en les voyant éternellement couchés en ce lieu, on se rappelle cette terrible parole de la sainte Écriture : « *Si ceciderit lignum ad austrum aut ad aquilonem, in quocumque loco ceciderit, ibi erit.* C'est là, au milieu de cette profonde solitude et parmi ces images du trépas, que reposent les restes de 14 Monarques qui se sont succédés sur le trône de l'Empire, comme si tout ici se réunissait pour montrer que leur grandeur est passée, et que de cette puissance, qui commandait à tant de millions d'hommes, il ne reste plus maintenant que des cendres et des ruines !

Mais toutefois, en conservant à ce lieu son caractère lugubre et sauvage, le génie chinois a su y déposer un cachet de grandeur qui témoigne de son profond respect pour les morts, et en particulier pour les souverains qui ont été les chefs de la nation. Longtemps avant d'entrer dans la vallée, vous voyez de beaux ponts en marbre blanc, de magnifiques portails qui sont comme autant d'arcs de triomphe, et qui semblent conduire à quelque lieu sacré et devenu l'objet de la vénération des mortels. Plus loin commence une longue avenue de statues colossales d'un seul bloc de pierre, rangées de chaque côté de la route et placées à la distance d'environ cent pas les unes des autres. Ce sont d'abord des animaux sauvages, tels que lions, tigres, dragons fantastiques, puis des animaux domestiques, comme le chien, le cheval, le bœuf, le chameau, l'éléphant, et enfin les douze grands mandarins de l'Empire avec les insignes de leur dignité et dans l'attitude du plus profond respect : allégories pleines de sens et de délicatesse, qui, au moment suprême où le souverain est porté à sa dernière demeure, nous montrent tout ce qui relève de son empire,

accourant sur son passage pour le saluer une
dernière fois, et lui donner ce dernier gage de
leur vénération et de leur parfaite obéissance.

Enfin, lorsqu'on arrive à la vallée proprement
dite, apparaissent les mausolées des empereurs,
placés de chaque côté du vallon à la distance
d'un quart d'heure environ l'un de l'autre, et
s'échelonnant ainsi jusqu'au dernier qui forme
comme le fond de ce magnifique tableau. Tous ont
des formes tellement grandioses et si variées, que
chacun d'eux, en particulier, pourrait être con-
sidéré comme un vaste et splendide palais. Ce
sont partout des portails, des cours, des galeries,
des clochetons multipliés à l'infini et dont l'as-
semblage disposé avec goût, présente l'aspect le
plus curieux et le plus pittoresque. De nombreux
ruisseaux avec leurs ponts et leurs gracieux contours, se jouent au milieu de ces vastes terrains,
sans doute pour la beauté d'abord, et pour recevoir les eaux qui coulent en abondance des montagnes ; mais dans ces cours d'eau multipliés à
dessein, dans ces arcades et ces ponts suspendus,
n'aurait-on pas voulu aussi représenter une
image de la rapidité de la vie et du passage du
temps à l'éternité? Quoi qu'il en soit, sous quelque
rapport qu'on envisage ces beaux et gigantesques
ouvrages, on ne peut s'empêcher d'y reconnaître

quelque chose de vraiment grand et imposant; je dirai plus, quelque chose de triste, de lugubre et de pleinement conforme à la destination de ces magnifiques monuments. Ajoutons que, par un sentiment qui fait honneur aux Chinois, ils ont su éliminer de ces sanctuaires de la mort toutes les ridicules statues qui pullulent dans leurs autres temples, et qui offusquent autant le bon goût que la raison !

Mais, c'est le dernier de ces mausolées surtout, celui qui est situé au fond de la vallée, qui est incontestablement le plus beau et qui mérite surtout de fixer l'attention du voyageur. Placé sur une éminence, adossé à un petit bois qui lui sert comme de tapis de verdure, il domine tous les autres par son élévation, comme il les surpasse également par l'étonnante grandeur de ses constructions et l'élégante variété de ses formes. C'est là que repose le fondateur de la dynastie des Ming, et à ce titre il convenait bien que sa sépulture se distinguât de toutes les autres par quelque chose de plus grandiose et de quasi exceptionnel. Dans l'impossibilité d'en faire une description complète, je me contenterai de donner ici une idée de la pièce qui m'a le plus frappé.

Qu'on se figure un petit monticule d'environ 60 pieds de haut, formant un plan incliné et conduisant à un bâtiment supérieur qui peut avoir 200 pieds de long sur 80 de large. Or, tout l'espace formé par ce plan incliné, est occupé par trois galeries en marbre qui s'élèvent en amphithéâtre, et qui forment comme trois terrasses conduisant au plain-pied du bâtiment, le tout avec des gradins, des figures et des colonnettes en marbre d'un travail parfait. L'intérieur est soutenu par 32 colonnes en bois, d'une seule pièce chacune, ayant environ 30 pieds de haut et 5 pieds de diamètre. Enfin, la couverture est formée d'un triple rang de toits superposés les uns aux autres à la manière chinoise et se terminant en corniches relevées et saillantes. Et le tout est si grand, si bien proportionné, qu'on est également surpris et de la grandeur de l'ouvrage et de la beauté des matériaux employés à sa construction.

Et cependant, quelque somptueux et splendide que soit ce palais, ce n'est pas là qu'ont été déposés les derniers restes de l'empereur, mais bien dans le petit bois voisin et sous un simple tertre de terre, sans qn'on sache au juste le lieu de sa sépulture, comme si, de tous temps et dans tous les pays, l'homme eût compris cette parole adressée à nos premiers parents : « *memento homo, quia pulvis es et in pulverem reverteris.* » On peut

bien élever des monuments pour couvrir sa dernière dépouille, et l'environner d'une certaine
apparence de dignité ; mais, au fond, il faut toujours en revenir à cette dernière parole, qui est
comme le résumé et la véritable expression de
notre être et de notre existence ici-bas : « *pulvis
es et in pulverem reverteris.* »

Telle est la vallée des tombeaux, si digne de ce
nom, soit à cause de l'aspect triste et sauvage
qu'elle présente, soit à cause des sépultures vraiment royales qu'elle renferme. Là, chacun des
14 monarques qui forment l'illustre et brillante
dynastie des Ming, a son tombeau parfaitement
bien conservé, malgré les révolutions du temps,
qui n'ont pas osé toucher à ces sanctuaires de la
mort. Chacun mérite de fixer l'attention du vi-
siteur par la beauté de sa construction et les
morceaux vraiment curieux qu'il contient ; mais,
quand on pense qu'ils sont au nombre de quatorze,
quand, d'un seul coup d'œil, on embrasse cet ensemble de constructions et ce brillant paysage,
à commencer par les statues colossales qui se présentent à l'entrée de la vallée, et en prolongeant
le regard sur ces magnifiques mausolées qui s'é-
tendent au loin et qui vont se terminer au dernier
qui les domine tous, on ne peut se défendre d'un
sentiment de surprise et d'admiration, et il faut

bien reconnaître là quelque chose de la puissance et des richesses d'un Assuérus et de ces potentats des anciens temps, dont l'Écriture et l'histoire nous racontent des choses si extraordinaires et presque incroyables pour nos jours! Hélas! Pourquoi sur ces somptueuses demeures de la mort, ne voit-on pas écrit le signe du salut? pourquoi ne lit-on pas ce mot d'espérance : « *In spem resurrectionis ?* » A tant de grandeurs viendrait se joindre quelque chose de plus grand encore, l'espérance religieuse qui nous montrerait ces puissants monarques reçus dans le sein d'Abraham, et portant là l'immortelle couronne, que rien désormais ne saurait flétrir et leur faire perdre ! Plus heureux aux yeux de la foi sont ces pauvres et innocentes princesses qui tirent leur origine de la même source et que j'ai rencontrées dans la même excursion : rencontre pleine de charmes et d'intérêt pour moi et dont je ne saurais me dispenser de vous dire ici deux mots.

Princesses exilées pour la Foi

L'empereur Kang-hy, avait été favorable à la propagation de la religion chrétienne dans ses États : c'est sous son règne que les *Pères Jésuites* arrivèrent à Pékin, et y élevèrent leurs

missions à cette grandeur et à cet éclat, qui les
rendirent si célèbres dans la suite. Mais à peine
son fils et son successeur, Yong-Tching, fut-il
monté sur le trône, qu'il persécuta cruellement
les chrétiens, et sa haine tomba en particulier
sur une famille tartare issue du sang impérial,
et dont tous les membres, au nombre de soixante,
avaient embrassé la religion chrétienne.

L'un d'eux, le prince Paul, sans égards pour
les services qu'il avait rendus à l'État, car il
avait été à la tête des armées et s'était distingué
dans plusieurs guerres, le prince Paul, dis-je,
fut brutalement envoyé en exil avec sa femme
et ses enfants, et relégué sur les confins de la
Mongolie, aux pieds de la grande muraille.
Chrétien aussi solide qu'il avait été valeureux
guerrier, son infortuné sort ne changea rien à
ses dispositions. Il ne cessa d'exhorter sa famille à la patience, à la résignation, s'estimant
heureux de souffrir quelque chose pour Jésus-
Christ, et il mourut lui-même la chaîne au cou,
protestant ainsi de son inviolable attachement
à la religion qu'il avait embrassée. Ses enfants et petits-enfants, fidèles à la mémoire de
leur père, continuèrent à habiter le lieu de
son exil et de sa mort; et c'est là que, par une
circonstance toute fortuite, je fus conduit pour

voir les derniers restes de cette héroïque famille chrétienne.

J'avais visité les magnifiques tombeaux des Ming: je ne songeais qu'à regagner Pékin, blotti dans la petite charrette qui me conduisait et récitant tranquillement mon bréviaire, lorsqu'arrêté à l'entrée d'un pont, deux chinois me considèrent attentivement et se mettent à me faire le Ko-teou, sorte de prostration qu'ils n'emploient que pour les premiers mandarins de l'Empire. C'étaient deux chrétiens qui m'avaient reconnu pour Évêque, sans doute à quelque particularité de mon costume, ou à quelque indication qu'ils avaient reçue précédemment, et qui me saluaient comme tel.

Je descends à mon tour pour répondre à leurs pieuses salutations et leur adresser quelques paroles d'amitié. D'autres se joignent à eux, et les voilà bientôt réunis au nombre de cinq à six. Or, comme ils habitaient une gorge de montagnes, à deux lieues de là, ils firent tant d'instances pour m'engager à aller passer la nuit chez eux, que je ne crus pas pouvoir me refuser à leurs pressantes invitations. Grâces à mes jambes habituées dès l'enfance à la pente rapide de nos montagnes, et à un splendide clair de lune qui nous éclairait, je pus franchir cet espace d'un terrain extrêmement abrupte et difficile. A dix heures du soir nous arrivions au sommet d'un plateau et nous voyions apparaître devant nous les quelques pauvres cabanes qui forment l'enceinte du village. On nous conduit à la petite chapelle qui sert en même temps de point de réunion pour les chrétiens, et bientôt nous nous trouvons environnés de toute la population qui s'élevait à environ quatre-vingts personnes et qui, au premier signal, était accourue pour nous voir.

On peut se faire une idée de la joie et de l'agréable surprise d'un missionnaire, lorsqu'à l'extrémité du monde, il retrouve la maison de Dieu, les signes augustes de notre sainte religion, une assemblée de chrétiens qu'il considère comme ses frères et qui le regardant lui-même comme le représentant de Jésus-Christ, lui prodiguent toutes les marques de leur respect et de leur confiance. Heureux de posséder un Évêque au milieu d'eux, chose si rare dans ces pays perdus, tous m'adressent une parole d'amitié, tous veulent avoir une bénédiction spéciale. Mais nouveau sujet de joie et de surprise pour moi: bientôt j'apprends que c'est là que le prince Paul a été envoyé en exil et a terminé sa glorieuse carrière, que la formation de ce petit village est due à sa présence et à ses soins, et que deux bonnes vierges perpétuent encore en ce lieu son nom et ses vertus; et, en même temps, ces deux humbles descendantes des rois, dépouillées de tout par la persécution, s'avancent modestement devant moi pour me saluer.

Simples et réservées, déjà d'un certain âge, elles habitent une petite maisonnette, ou plutôt un groupe de maisonnettes, de cours et de jardins, achetés jadis par leur aïeul, et qui, après elles, deviendront la propriété de la mission. Ce sont elles qui, avec une grâce parfaite, me préparent mon petit souper, le bol de riz qui se mange avec les bâtonnets, des œufs de leurs poules, quelques légumes de leur petit jardin avec la tasse de thé : car du vin, du pain, de la viande fraîche, il n'en faut point chercher au milieu de ces montagnes abruptes de la Mongolie; mais on s'en dédommage par la gaieté qui règne au milieu de nous. Chacun raconte l'histoire de sa conversion. On nous apporte le tableau représentant le prince Paul, la chaîne au cou, titre de noblesse et armoiries plus précieuses que celles qui ont tant de prix aux yeux du monde. Nous vénérons ensemble l'image de ce digne confesseur de la foi. Je leur apprends, à mon tour, que je suis, compatriote et proche voisin du pays du

P. Parennin, qui a eu tant de part à la conversion du prince Paul, et cette circonstance ne fait qu'augmenter la confiance qu'on m'avait d'abord témoignée. Une bonne partie de la nuit se passa au milieu de ces entretiens, et le moment de se retirer venu, ces bonnes princesses et quelques-uns des chrétiens vinrent se jeter à mes pieds et me demander de vouloir bien entendre leurs confessions, désirant le lendemain, participer à nos saints mystères. Je me prêtai volontiers à leur désir, et je pus admirer toute la foi et la simplicité de ces dignes néophytes et en particulier de ces bonnes vierges, qui se consolent ainsi de leur exil par les douceurs de la vie retirée qu'elles mènent, et surtout par leurs vertus et l'espérance de retrouver un jour, au ciel, les richesses et la noblesse dont elles ont été dépouillées sur la terre.

Le matin venu, notre premier soin fut de nous réunir pour la prière commune et la célébration des saints mystères, et après cet acte de religion pratiqué en commun, fortifiés, encouragés par la grâce d'en Haut, nous prîmes congé les uns des autres pour nous séparer. Toute la petite communauté chrétienne, hommes, femmes et enfants vinrent me reconduire jusqu'à la lisière de la montagne, d'où ils m'accom-

pagnèrent longtemps encore de leurs vœux et
des gestes réitérés de leurs salutations. Je les
bénis une dernière fois et me séparai d'eux, leur
promettant une statue de la sainte Vierge, pour
orner leur modeste oratoire et comme mémorial
de mon passage au milieu d'eux, tandis que, de
mon côté, j'emportais de ce lieu un souvenir
très-gentil et très-agréable, qui sera également
un sujet de joie pour nos chers compatriotes à
qui je compte bien un jour en faire part.

Rencontre d'une prune nouvelle et encore inconnue en Europe

La veille au soir, ces bons chrétiens, en m'en-
traînant chez eux, m'avaient promis de me
ramener le lendemain, de grand matin, au lieu
même où ils m'avaient pris. Or, en parcourant
ces gorges sauvages, j'y vis quantité de pruniers
larges et touffus, présentant l'aspect le plus
agréable par l'abondance et la grosseur des fruits,
sous le poids desquels ils étaient tout courbés.
C'étaient de grosses prunes, applaties comme
l'orange mandarine, rouges comme l'écarlate,
d'une forme et d'un goût tout particulier que
je ne connaissais point encore. Exprimant à nos
chrétiens le plaisir que j'aurais à emporter de

chez eux un arbre de cette espèce, ils s'empressèrent de m'en préparer quelques jeunes pieds, que j'emportai en effet, et je serai heureux, à mon tour, de les répandre sur les collines et dans les vallées de notre chère Franche-Comté, dont ils deviendront un des produits et des plus gracieux ornements. En voyant pendre à leurs branches les fruits éclatants et nombreux qu'ils donnent, on se rappellera qu'ils viennent d'un Évêque missionnaire, qui les envoya du fond de la Chine aux petits-enfants de son pays, et qui saisit avec empressement l'occasion de leur donner cette preuve de son souvenir et de son attachement.

Coup d'œil sur la Grande Muraille de Chine.

Telle a été ma course à la vallée des tombeaux. Les affaires que j'avais à traiter à Pékin, me laissant encore quelque temps disponible, j'en ai profité pour faire une autre excursion à la grande et célèbre muraille, qui sépare l'Empire chinois des vastes déserts de la Mongolie. Elevée deux cents ans avant notre ère chrétienne, pour s'opposer aux incursions des barbares qui habitaient ces contrées, elle est encore aujourd'hui, en bien des endroits, dans un état de conservation parfaite. Je dirai plus, à Kou-pey-Kou, à trente lieues au delà de Pékin, où je l'ai vue, c'est, à mon avis, un des plus beaux et des plus surprenants ouvrages, qui aient jamais été faits par la main des hommes. Volontiers, je le comparerais aux fameuses pyramides d'Egypte, et je ne sais s'il ne l'emporterait pas sur ces gigantesques constructions, par la grandeur du travail et les difficultés innombrables qu'il a fallu surmonter pour réaliser un si étonnant projet. Ce sentiment n'est pas le mien seulement, mais celui des voyageurs qui ont visité ces contrées, et en particulier de deux Anglais avec lesquels je me rencontrais au pied de la grande muraille, et qui m'exprimaient la même idée. Pour mieux en juger, qu'il me soit permis de donner ici un rapide aperçu des belles proportions de ce grand travail et de ce qui m'a le plus frappé dans sa construction.

La largeur de la grande muraille est de seize pieds environ, sa hauteur de vingt-cinq à trente pieds, et à l'intérieur se trouve un passage voûté qui permettait aux guerriers de circuler sur toute son étendue, sans être atteints et même sans être vus par l'ennemi. De cinq cents pas en cinq cents pas, s'élèvent des tours d'une soixantaine de pieds d'élévation, assez rapprochées l'une de l'autre, pour que les guerriers pussent de leurs flèches atteindre l'ennemi qui aurait voulu escalader la muraille dans l'espace intermédiaire.

Mais, ce qu'il y a de plus surprenant et de plus grandiose dans cet étrange ouvrage, c'est qu'il suit ainsi la chaîne des montagnes, sans se laisser arrêter par aucun des obstacles qui s'opposaient à sa marche. Qu'on se figure les points les plus ardus de nos montagnes du Jura ou de l'Auvergne, avec un mur s'élevant sur les pics les plus escarpés, descendant dans les vallées et serpentant ainsi d'un point à l'autre, comme en se jouant à travers les monts et les abîmes qu'il rencontre; qu'on ajoute à ce premier travail les tours qui le dominent de distance en distance, et qui lui donnent un aspect si pittoresque et si grandiose, et l'on aura une idée de ce gigantesque ouvrage et de l'impression qu'il doit produire sur ceux qui le visitent.

Surpris de sa grandeur, je ne pouvais en détacher mes regards. J'aimais à considérer cet interminable serpent, suivant imperturbablement sa route, se retrouvant partout, et partout déroulant à nos regards la chaîne de ses anneaux à mesure que nous avancions. Un point me paraissant dominer tous les autres et se trouvant comme la

tête de toute une ligne, j'eus la curiosité de le visiter, et je proposai aux chrétiens qui m'accompagnaient, d'en faire avec moi l'ascension.
Mais hélas, à peine leur eus-je exprimé ce désir que, tout stupéfaits et se regardant les uns
les autres : « Eh quoi! Père, me dirent-ils, vous
songez à monter là ! mais jamais personne n'y
est allé ! c'est impossible ! » Je les rassurais de
mon mieux, leur disant que nous irions tout
doucement et que nous nous arrêterions quand
nous ne pourrions plus avancer : toutes mes raisons furent inutiles et je dus partir seul.

Je ne dirai pas tout ce qu'il me fallut de résolution et d'efforts pour faire ma course, et je compris alors ce qu'il en coûta de peines et de dangers pour exécuter cet immense travail, puisqu'il
en fallait tant seulement pour l'explorer. Mais
quelle a été ma joie et quel horizon s'ouvrit
devant moi, lorsque, arrivé au sommet, je pus
suivre, sur un espace de quatre à cinq lieues,
ce gigantesque serpent élevant sa tête sur les
cîmes les plus escarpées, se repliant dans les
vallées et étendant par-ci-par là ses ramifica-
tions, comme pour s'opposer aux attaques qui
pouvaient lui être faites. Après avoir bien ras-
sasié mon âme de ce beau et grand spectacle,
il fallut redescendre, mais hélas ! la chose n'était

plus aussi facile que pour monter, ayant à ma droite des abîmes de cinq à six cents pieds de profondeur, dans lesquels l'œil plongeait ; à ma gauche un mur où je ne trouvais que quelques épines pour me soutenir, devant moi un espace très-étroit, couvert de pierres rondes, parmi lesquelles je devais choisir les plus solides pour y mettre le pied et ne pas rouler au fond de l'abîme. Alors, je compris que mes chrétiens avaient raison, et je le comprenais d'autant mieux, que, dans ce moment, j'étais là seul, sans aucun aide pour venir à mon secours !

Mais le mal était fait... Il n'y avait plus qu'à reconnaître sa faute et à demander à Dieu de réparer l'imprudence de son pauvre serviteur, tout en s'animant d'un nouveau courage et d'une nouvelle confiance. C'est ce que je fis et avec cette assurance que donne la prière je finis par arriver à mes chers chrétiens qui ne remarquèrent pas trop ma frayeur et qui répétaient sans cesse le long du chemin : « Jamais on n'a vu cela ! » Aussi le bruit de mon expédition se répandit au loin, et à mon retour à Pékin, nos bons chrétiens aimaient à répéter la frayeur que je leur avais causée. Faut-il m'en repentir ? Non, je ne pense pas, car outre qu'il n'y avait d'abord aucun danger apparent, il était beau et

convenable de voir dans ses détails un travail qui
peut être regardé comme unique dans ce monde.
Mais, néanmoins, on est bien heureux quand
on arrive en lieu sûr, et c'est un sujet d'actions
de grâces de plus que je dois à Dieu dans ma
vie de missionnaire.

Telle est la grande Muraille avec ses phases
et ses magnifiques proportions, à l'endroit où je
l'ai vue. Et ce n'est pas sur un point seulement ou
sur un espace de quelques dizaines de lieues
qu'elle fut construite, mais sur une étendue qui
ne comptait pas moins de cinq cents lieues de
long ; non qu'elle fût partout aussi hardie et dût
vaincre autant d'obstacles, mais, ailleurs, elle
avait bien aussi ses difficultés et son genre
particulier de grandeur. Ainsi elle s'avançait
à deux lieues dans la mer, et là il avait fallu
donner aux fondations et aux constructions assez
de forces pour résister à l'impétuosité des vagues
et à l'action destructive des eaux. Et dix ans de
travaux incessants, avec un milion d'hommes qui y étaient employés chaque jour, ont suffi
pour achever ce grand ouvrage, dont la conception et l'exécution n'ont pu venir que d'un
génie, et nous montrent des forces et une or-
ganisation, comme on n'en voit plus aujourd'hui.
Il est vrai qu'elle n'est pas partout aussi bien

conservée, et des missionnaires ont pu dire en toute vérité, qu'ils n'en avaient trouvé que de faibles vestiges. Cette disparition se fait surtout remarquer dans les plaines et les lieux éloignés où les habitants laissés à eux-mêmes, sans surveillance, l'ont en partie détruite, pour en prendre les briques et s'en faire des habitations ; mais néanmoins dans ces pays mêmes, il en reste assez de vestiges pour en déterminer la trace d'une manière certaine. Plus rapprochée de Pékin, elle est dans un état de conservation parfaite, les briques encore aussi dures et aussi intactes avec la chaux qui les lie, que si elles venaient d'être placées. Il serait plus curieux encore d'étudier ce travail au point de vue de la stratégie militaire, de manière à ce qu'en voyant la défense, ont pût comprendre les moyens d'attaque, et se faire ainsi une idée de l'état où se trouvait l'art de la guerre à cette époque ; mais pour cela, il eût fallu un temps et surtout des connaissances que nous n'avions pas. Quoiqu'il en soit de ce dernier point, on ne peut disconvenir que ce ne soit un des plus beaux et surprenants ouvrages, qui aient jamais été faits. Surpris, émerveillé de sa beauté, comme on l'est en présence des grands monuments dûs à la conception humaine, j'ai voulu en rapporter un fragment avec moi ;

et mettant deux briques de vingt livres chacune,
sur le dos de nos bons chrétiens, j'ai pu par des
chemins impraticables, les transporter jusqu'à
Pékin, d'où, j'espère bien les ramener en France,
où à cinq milles lieues de leur pays natal, et
deux mille trois cents ans de leur formation,
elles nous diront qu'au bout du monde et en
dehors de notre civilisation tant vantée, il y a
encore des choses vraiment surprenantes et
dignes de l'admiration des hommes.

Retour à Canton et en Franche-Comté

Aujourd'hui, mes affaires à Pékin sont à
peu près terminées, et je ne tarderai pas à
prendre congé de ces lieux. Aidé du concours
de notre légation, j'ai pu voir plusieurs fois les
premiers ministres de l'Empire, leur exposer
mes griefs, et en obtenir, entre autres choses,
une prolongation dans l'autorisation, qui m'a-
vait été donnée précédemment, de prendre sur
les bords de la mer les pierres nécessaires à la
construction de notre église; autorisation qui,
certes, ne nuit à personne, et qui ne m'avait
été retirée que par pur esprit d'opposition et
de malveillance. Nous allons donc continuer
ce grand ouvrage qui, j'espère, aura une si

grande portée pour l'établissement du christianisme dans cette contrée.

Après avoir arrangé quelques autres affaires assez épineuses, je pourrai me rendre au Concile et de là regagner nos chères montagnes de la Franche-Comté. Ce sera la deuxième fois que, dans ma vie de missionnaire, qui compte bientôt vingt-quatre ans, il m'aura été donné de venir me reposer au sol natal. Grâces en soient rendues au divin Maître qui dispose de tous les moments de notre vie, et qui sait si bien en alléger le fardeau, ou nous donner les forces nécessaires pour le porter; en sorte que c'est toujours le joug aimable et léger du Seigneur : *Jugum enim meum suave est et onus meum leve!* Je serai heureux de revoir les lieux où se sont écoulées les premières années de mon enfance, de retrouver tant de personnes qui me sont chères, et de puiser dans l'air du pays les forces dont j'ai besoin pour continuer l'œuvre commencée : car, tout est loin d'être fait dans cette immense mission qui ne compte pas moins de quarante millions de païens, et où les moyens d'action sont sans nulle proportion avec la fin que nous avons à atteindre. Mais j'espère bien que, pendant mon séjour en Europe, je pourrai m'en occuper d'une manière plus efficace encore que si j'étais en Chine; je compte surtout sur l'appui des personnes charitables et zélées, qui veulent bien nous prêter leur concours, pour travailler d'un commun accord à la conversion de nos pauvres infidèles.

Ainsi, sous tous les rapports et à tous les points de vue, je n'ai qu'à remercier la divine Providence de ses desseins de bonté et de miséricorde à mon égard. Et recevez vous-même, Monsieur et très-honorable Directeur, mes remercîments pour l'appui que vous voulez bien nous donner, et qui vous assure la parfaite gratitude de

Votre bien dévoué et reconnaissant serviteur,

✝ ZEPHYRIN GUILLEMIN EV. PREF. APOST.
du Quang-tong et Quang-si.

SUPPLEMENT A LA LETTRE PRÉCEDENTE.

La lettre précédente était écrite et envoyée, lorsqu'au retour de mon voyage à Pékin, se sont présentées plusieurs circonstances intéressantes, qui n'avaient pu trouver place dans mon premier récit. Je les rapporte donc ici, pensant qu'elles pourront intéresser quelques personnes qui y trouveront un souvenir : je veux parler surtout de ma visite au camp de Pa-li-kao et de l'affreux massacre de Tien-Tsinn.

I. Visite au camp de Pa-li-kao

A huit ou dix lieues de Pékin, dans la direction du Nord au Sud, c'est-à-dire du côté de Tien-Tsinn, se trouvent le pont et la plaine de Pa-li-kao, devenus célèbres par la victoire que les troupes françaises et anglaises y remportèrent sur les troupes chinoises, et qui valut au général de Montauban le titre de comte de Pa-li-kao, de l'endroit même où la bataille fut livrée.

Or, ce lieu était trop intéressant par lui-même, il rappelait des faits trop honorables à la France et trop avantageux à la cause de nos missions, pour que je ne me détournasse pas quelque peu de ma route pour le visiter. D'une autre part, le général de Montauban, passant deux fois par Canton, y avait laissé des preuves de sa bienveillance pour nous et de l'intérêt tout spécial qu'il porte à nos œuvres : nouvelle raison de ne pas omettre une course qui se recommandait à moi sous tant de rapports, bien qu'elle dût se faire en grande partie pendant la nuit.

Arrivé le soir, au coucher du soleil, à la plaine de Pa-li-kao, j'eus tout le loisir de considérer cette belle et vaste campagne, qui s'étend du pont de Pa-li-kao jusqu'à la ville du même nom, qu'on aperçoit dans le lointain, perdue au milieu d'un massif d'arbres verts. Ce pont est d'une belle et grande construction en marbre blanc, et tout ce vaste horizon éclairé des derniers rayons du soleil, semblait emprunter aux derniers reflets du jour une teinte plus pâle et plus en rapport avec les tristes souvenirs qu'il rappelle.

Néanmoins, quoique la mémoire des désastres chinois fût encore toute vivante en ce lieu, on nous y reçut avec bienveillance : on nous apporta le thé et les petits gâteaux qui l'accompagnent ; nous liâmes conversation avec les gens du pays, et comme j'étais sur le point de me retirer, apercevant de chaque côté du pont deux petits arbustes, appelés *vernis du Japon* et qui venaient d'y être plantés tout récemment, je demandai aux habitants, s'ils consentiraient à me les céder, moyennant une rétribution de ma part. Le marché fut bientôt conclu, et les arbres presque aussitôt arrachés et déposés sur le dos de deux jeunes Chinois, qui s'offraient à les porter jusqu'au gîte où nous devions passer la nuit. Mon intention était de les offrir au général de Montauban, en mémoire de l'illustration qu'il a conquise en ce lieu, et comme gage de la reconnaissance que je lui dois. Mais, j'y trouvais aussi un avantage pour moi : ayant deux grandes lieues à faire pendant la nuit, au milieu d'un pays inconnu et peu sûr pour des européens, ce n'était pas trop d'avoir deux guides et deux compagnons qu'on voyait partir avec nous, et qui étaient en quelque sorte responsables de ce qui pourrait nous arriver. Chargés de notre précieuse découverte, ils nous conduisirent à travers champs et rizières, et nous arrivâmes bien tard dans la nuit à l'hôtellerie où nous étions attendus, et où l'on n'était pas sans inquiétude sur nous. Les vernis du Japon firent le reste de la route avec moi, jusqu'à Marseille, et de là je compte bien les envoyer bientôt à leur destination, chargés sinon de payer une dette de reconnaissance, au moins de montrer que nous aimons à nous rappeler le souvenir d'un bienfait.

II. **Massacre de Tien-Tsinn.**

Arrivé le lendemain à Tien-Tsinn, j'eus la satisfaction d'y trouver un ami dévoué des missions, M. Fontanier, consul français en ce lieu, lequel avait été, pendant 3 ou 4 ans, interprète du consulat français à Canton, et qui, dans cette position, nous avait rendu les plus grands services. Apprenant mon arrivée, il accourut au devant de moi, et me reçut avec cette franche cordialité qui dénote l'amitié: « C'est bien chez moi, me dit-il, que vous descendez ; demain nous irons voir les missionnaires et les sœurs, et nous passerons une partie de la journée chez eux : mais la journée d'aujourd'hui est pour moi. » J'avais, en effet, deux ou trois jours à rester dans cette ville, pour y traiter quelques questions relatives à notre mission, et j'étais content de donner à chacun une part de mon temps, pouvant ainsi satisfaire à tous les devoirs de l'amitié, sans blesser personne !

Le ministère de Pékin ayant chargé le mandarin de Tien-Tsinn, appelé Tchong-Heou, de terminer quelques unes de nos affaires, notre premier soin fut d'aller voir ce haut personnage, décoré du titre de précepteur honoraire de l'Em-

pereur, et préposé à l'inspection des 5 ports
ouverts aux Européens. Il nous reçut avec toute
la gracieuseté possible. Je ne demandais que
pour un an et demi la faculté de prendre des
pierres sur le bord de la mer pour terminer la
construction de notre église : « Non, me dit-il,
nous ne partageons pas ainsi l'année en deux.
Je suis autorisé à vous accorder pour deux
ans la permission que vous demandez, et si ce
terme ne suffit pas, faites-le moi savoir, et je
vous donnerai tout le temps nécessaire pour
achever votre ouvrage ! » Il nous fit servir une
joyeuse collation, et le lendemain, nous rendant
visite avec tout l'appareil de sa dignité, il vint
s'asseoir à la table du consul qui, lui-même, le
reçut avec toutes les marques de distinction
dûes à son rang. Tout dans ces différentes circonstances se passa si bien, que le consul
enchanté me dit : « Voyez quels bons rapports
règnent entre nous ! Comme il est agréable de
traiter les affaires avec des personnes qui y
mettent tant de bienveillance et de rondeur !

Hélas ! qui aurait dit que, quelques mois
plus tard, aurait lieu cet épouvantable massacre
de Tien-Tsinn, où le consul, M. Fontanier
avec son chancelier et plusieurs autres Européens,
quatre missionnaires, onze sœurs de la Charité et

plusieurs petits enfants innocents seraient impitoyablement sacrifiés à la vengeance des Chinois.
Non, certes, à considérer l'extérieur des choses,
rien alors ne l'eût indiqué, et je crois même
que, si Tchong-Héou, le mandarin en question,
s'est montré faible et irrésolu au moment du
danger, on ne saurait dire qu'il ait trempé
directement dans cet affreux carnage. Et cependant, lorsque quelques mois après, est arrivée à
Rome la première nouvelle de ce désastre, j'en
ai été peu surpris, et n'ai pas hésité un instant
à y croire, contrairement à plusieurs autres de
nos vicaires apostoliques, qui regardaient la
chose comme complétement fausse. Et cette
appréciation de ma part n'a rien de surprenant :
car si à l'extérieur on nous témoigne quelque
bienveillance, et si nous semblons jouir d'une
certaine tranquillité, néanmoins, en pénétrant
un peu avant au fond des choses, déjà alors il
était facile de voir les ferments d'opposition qui
s'élevaient contre nous, et qui, tôt ou tard,
devaient nous amener les malheurs que nous
avons à déplorer aujourd'hui.

Quoiqu'il en soit, le brave M. Fontanier n'a pas
tardé à en être la victime, mais en succombant, il
sut montrer un courage et un dévouement qui fe-
ront un éternel honneur à sa mémoire. Apprenant

que l'insurrection se forme, qu'elle devient de plus en plus menaçante, et que déjà elle se dirige vers l'habitation des sœurs, pour décharger sur elles ses premiers coups, n'écoutant alors que la voix du devoir, il revêt les insignes de sa dignité, prend son épée et se rend immédiatement chez le mandarin, pour lui demander de s'opposer aux progrès de l'émeute naissante. Tchong-Héou, craintif et irrésolu, lui répond qu'il n'y a aucun danger à craindre, et l'engage à rester au consulat comme au lieu qui lui présente le plus de sécurité. Mais, comment demeurer caché et tranquille, quand ceux qu'on doit défendre, sont exposés aux coups furibonds de l'ennemi! Plein de courage et de résolution, M. Fontanier sort pour voler au secours des sœurs et des missionnaires. Bientôt environné de toutes parts, écrasé par la foule qui le presse, il veut s'ouvrir un passage au milieu de ce flot de peuple, et c'est alors qu'au signal donné, les assassins se jettent sur lui, le percent de mille coups, et le laissent baigné dans son sang. De là, se portant vers la demeure des missionnaires et des sœurs, ils mettent le feu aux maisons et à l'église, se saisissent de tous les étrangers qu'ils rencontrent, prêtres et laïques, et les mettent tous à mort avec une brutalité sans exemple.

Mais au moins, au milieu de ce massacre général, les sœurs seront-elles épargnées? Non, malgré leur innocence et les bienfaits qu'elles répandent au milieu du peuple, après avoir fait courir le bruit qu'elles ne recueillent les enfants que pour les livrer à la mort ou à la turpitude, soit en faisant servir leurs restes inanimés à la composition de remèdes magiques, soit en les destinant à la prostitution, on ne songe plus qu'à se venger des crimes qu'on leur prête! Onze de ces malheureuses sœurs sont massacrées avec des raffinements de cruauté et des outrages que l'honnêteté ne permet pas de rapporter; puis on met le feu à leur orphelinat, et là, plusieurs pauvres enfants, sans défense et sans secours, sont impitoyablement consumés au milieu des flammes.

Tel fut l'horrible massacre de Tien-Tsinn? Si nous avons à regretter de bons et saints missionnaires, de pieuses religieuses, qui, au prix de tous les sacrifices, vont jusqu'aux extrémités de la terre, porter les bienfaits de la charité chrétienne, nous perdons en particulier dans M. Fontanier, un ami et un protecteur de nos missions. Partout où il a été, il s'en est montré le défenseur le plus intelligent et le plus dévoué, les considérant non pas seulement au point de vue de la religion chrétienne, mais encore comme le seul moyen de soutenir le nom et l'influence de la France dans ces contrées lointaines.

Également dévoué à l'amour et aux intérêts de la science, tous les moments libres dont il pouvait disposer, étaient consacrés par lui soit à l'étude de la langue chinoise dont il avait su acquérir une connaissance approfondie, soit à des recherches et à des collections curieuses. C'est à lui en particulier qu'on doit la plus belle collection de médailles et de monnaies chinoises qui ait jamais été faite : collection qui renferme des pièces remontant aux temps des anciens Patriarches, de Moïse, d'Abraham, et qui sont bien certainement les plus anciennes du monde. Ayant pu faire sa collection en double, grâce au long temps qu'il passa dans les points les plus importants de la Chine, tels que Canton, Chang-Haï et Pékin, il en destina une au gouvernement français, l'autre au Souverain Pontife, voulant par cette disposition pleine de délicatesse, satisfaire à la fois à ses devoirs envers son gouvernement et à son filial dévouement envers le chef de l'Église. Chargé de présenter au Saint-Père la digne offrande de M. Fontanier, j'en reçus bientôt une lettre pleine de remerciements, avec la croix de commandeur que Sa Sainteté lui envoyait, autant pour ce travail digne d'un savant, que pour les services nom-

breux que, déjà précédemment, il avait rendus
aux missions !

Cet ouvrage fini, M. Fontanier en avait entrepris un autre, également intéressant, la collection des cachets chinois comparables à nos
blasons d'Europe, et dont l'étude peut jeter un
si grand jour sur l'histoire de la Chine. Mais
hélas ! il n'était pas destiné à l'achever, et
comme tant d'autres, il devait être arrêté au
milieu de sa course, et voir sa carrière brisée,
lorsqu'il aurait pu rendre encore tant de services à l'Église, à la cause des Missions et à la
science qu'il savait unir dans un même sentiment d'estime et de dévouement ! Ah ! sans
doute, il est triste de mourir si loin de son pays,
d'une manière si inhumaine, de la main même
de ceux au bien et au salut desquels on se dévoue ; mais toutefois, il est une consolation bien
capable d'adoucir un tel sacrifice, c'est de mourir
pour son devoir et d'arroser de son sang le sillon
qu'on a tracé, pouvant s'appliquer avec quelque
proportion la parole par laquelle le Sauveur,
sur la croix, annonçait le parfait achèvement
de son holocauste : « *Consummatum est,* » ou cette
autre parole du grand apôtre, parole si consolante et qui, à elle seule, dédommage de tous
les sacrifices de la vie : « *Bonum certamen*

certavi, cursum consummavi, in reliquo re-
posita est mihi corona justitiæ! Heureux qui
peut, en mourant, se les appliquer et en voir
les précieux effets se réaliser pour lui ! »

5° LETTRE

A M. DE GIRARDIN

Directeur de l'Œuvre de la Sainte-Enfance, à Paris.

1° Exposition et baptème des petits enfants ;
2° Utilité des Ecoles dans la Mission ;
3° Réforme apportée à l'enseignement des enfants chrétiens ;
4° Traduction de l'*Epitome historiæ sacræ,* augmentée des principaux faits omis dans l'ouvrage de Lhomond.

Rome, le 20 avril 1870.

Monsieur et très-honoré Directeur,

Je suis vraiment honteux de vous envoyer la lettre ci-jointe. Commencée à Pékin, lorsque j'y allais sur la fin de l'année dernière, pour y plaider les intérêts de notre mission, je n'ai pu la terminer que ces jours-ci à Rome; et encore est-elle bien incomplète, n'ayant pu y joindre différents renseignements que j'aurais désiré vous communiquer. Mais vous voudrez bien m'excuser à raison de la vie nomade que je mène, et qui ne me permet pas d'avoir sous la main les papiers et documents dont j'aurais besoin. Néanmoins, quelque défectueuse que soit ma missive, peut-être aura-t-elle encore, au point de vue de la Sainte-Enfance, quelques détails qui pourront vous intéresser, et c'est pour cela que je me hasarde à vous l'envoyer.

L'événement qui, l'année dernière, a lé plus marqué, dans la mission de Canton, est évidemment l'incarcération de notre pauvre baptiseuse, jetée dans les fers, sous la ridicule inculpation, qu'en baptisant les enfants, elle leur enlevait les yeux, la cervelle et l'âme, dont elle faisait un composé magique, qu'elle nous remettait et que nous vendions nous-mêmes en Europe, à des prix fabuleux. Condamnée à être coupée en cent morceaux, si malheureusement elle eût été exécutée, sa mort n'aurait pas manqué de jeter la perturbation parmi nos chrétiens, et eût été le signal d'une persécution ou tout au moins de vexations, dont on ne peut prévoir toutes les fâcheuses conséquences. Dieu n'a pas permis qu'un si grand malheur vînt frapper nos chrétientés naissantes. Soumise à un examen juridique, déclarée innocente et reconduite chez elle non-seulement par nos chrétiens, mais encore par bon nombre de païens de sa rue, qui ont voulu lui donner ce témoignage d'estime et d'attachement, l'incarcération de cette courageuse chrétienne ne nuira en rien, je l'espère, à l'œuvre de la Sainte-Enfance. Elle montrera, au contraire, la fausseté des inculpations lancées contre elle, et combien cette institution si touchante mérite d'être soutenue et encouragée, à cause du bien immense qu'elle produit partout où elle est établie!

Quoiqu'il en soit de l'avenir, nous pouvons dire que l'année qui vient de s'écouler, ne le cède en rien à celles qui ont précédé. Le nombre des enfants baptisés à l'article de la mort, a été même plus considérable que les années précédentes : il s'élève pour toute la mission au chiffre de 3,500, qui représente autant de petits anges envoyés au ciel, et nous voyons toujours dans ces baptêmes quelque chose de spécial, qui montre combien cette œuvre est touchante et bénite du ciel.

Ainsi, peu de temps avant mon départ de Canton, une de nos chrétiennes, ayant envoyé sa petite fille sur les bords du fleuve pour y laver son linge, celle-ci arrivait à peine sur le rivage, qu'elle y trouva un enfant qui venait d'y être exposé. Touchée de compassion à la vue de ce petit malheureux voué à la mort, elle le recueille, le porte chez elle, et avec la permission de sa mère, se constitue sa nourrice, se promettant bien d'en avoir tout le soin possible. Mais, déjà les sources de la vie étaient épuisées chez lui. Miné par les souffrances et les privations, il ne fit que languir, malgré les soins et les attentions que lui prodiguait sa pieuse mère adoptive, et il s'éteignit doucement entre ses bras, pour aller se réunir à la troupe des anges dans le ciel. On le pleura, mais on fut bien consolé, en pensant qu'au ciel, il prierait pour ceux à qui il devait son bonheur éternel, et plusieurs chrétiens, témoins de sa mort, prirent aussitôt la résolution de se vouer au baptême des petits enfants, heureux de pouvoir par là leur ouvrir la porte du ciel et de se pro-

curer à eux-mêmes de puissants intercesseurs
auprès de Dieu !

Du reste, les faits de cette nature ne sont pas
rares en Chine. Nous les voyons attestés, non-
seulement par les missionnaires qui en sont les
témoins journaliers, mais encore par plusieurs
voyageurs sérieux, qui parcourent ces contrées
avec un vrai désir de s'instruire. Ainsi, je rece-
vais dernièrement à Rome, la charmante relation
d'un voyage fait à Canton et dans les environs
par M. le comte de Beauvoir, et là, il nous expose
le lamentable tableau qui est venu, comme de
lui-même, se présenter sous ses yeux. Explorant
les environs de la ville, à 3 ou 4 lieues à la
ronde, il rencontra, non pas un ou deux, mais
sept de ces malheureux enfants rejetés par la
brutalité de leurs parents et se débattant doulou-
reusement dans les étreintes de la mort.

« Certes, ajoute-t-il, avec le ton irrécusable
» de la vérité, je l'avoue bien franchement et je
» prie les missions de me le pardonner, je n'avais
» jamais voulu croire à l'exposition des enfants
» chinois. Je me disais que, puisque les bêtes
» féroces soignent leurs petits, il ne devait pas
» y avoir de pays, où l'abandon des enfants fût
» devenu une coutume !... maintenant que j'ai
» vu la plaie comme Thomas, je suis convaincu

» et je m'incline!... Toute ma vie, je verrai ces
» sept enfants jetés aux gémonies, à la porte de
» la première ville chinoise que nous visitons,
» ces sept enfants que nous fait découvrir notre
» première promenade, entreprise au hasard dans
» la campagne de Canton!... » Mais lisez plutôt
cette relation aussi intéressante pour le style,
qu'elle est exacte pour le fond même des choses,
et je ne doute point que vous n'en soyez pleinement satisfait. C'est au moins pour moi un des
ouvrages récents qui me paraît le mieux rendre
l'état de la Chine, et en particulier de cette
pauvre ville de Canton qui effraye autant par le
hideux spectacle des misères qu'on y rencontre,
que par la multitude innombrable de ses habitants et le bien qu'il y aurait à y faire.

L'œuvre des écoles n'est pas moins intéressante en soi, ni moins féconde en précieux résultats. Une fois régénérés dans les eaux de la
grâce, il faut bien prendre soin de ces enfants
que la Providence nous a confiés, les élever et les
soustraire à l'influence d'une éducation païenne
qui ne pourrait que pervertir leur intelligence
et gâter leurs cœurs. Aussi, un de nos premiers
soins, après le baptême des enfants, se porte-t-il
vers la fondation et la direction de nos écoles.
L'orphelinat des petits garçons à Canton compte

toujours de quatre-vingt à cent enfants : celui des petites filles en renferme une soixantaine : chaque missionnaire a également dans son district une ou deux écoles, quelquefois davantage. Là, tout en apprenant un état, qui les mette à même de pourvoir à leur subsistance un jour, nos pauvres enfants se forment à la doctrine, à la piété et aux autres vertus du Christianisme, et comme leur nombre se renouvelle tous les deux ou trois ans, ce sont quatre ou cinq cents enfants qui, à chacune de ces périodes, se trouvent comme incorporés à cette population païenne pour lui communiquer les bons principes, dont ils sont euxmêmes imbus. La plus grande partie, Dieu merci, reste fidèle à leurs engagements et sont pour nous un sujet de consolation par leur persévérance et la bonne odeur de Jésus-Christ, qu'ils continuent à répandre au milieu de leur nouvelle position. J'en ai eu, l'année dernière, un exemple touchant et que je me fais un plaisir de rapporter ici!...

Visitant quelques-unes de nos chrétientés placées sur les bords de la mer, je descendais une colline, lorsque à 10 heures du soir, arrivé à un petit village situé au pied de la montagne, j'entends une réunion de voix qui me semblaient articuler des prières chrétiennes. Je m'approche, et je reconnais bien distinctement les litanies

de la Sainte-Vierge, récitées par un vieillard,
auquel répondaient les voix de 8 ou 10 enfants.
Assuré que ce sont bien des chrétiens, je frappe
à la porte, j'entre et voilà qu'aussitôt tous ces
enfants se jettent à mes pieds en s'écriant :
« *Père, c'est donc vous !!* » C'étaient des enfants
de la Sainte-Enfance, formés à l'orphelinat de
Canton et qui, l'année précédente, l'avaient
quitté pour retourner dans leur pays. Pleins
de ferveur et de piété, chaque soir, ils se réunis-
saient chez le vieux chrétien du village pour
faire ensemble leurs prières. Ma surprise a été
d'autant plus grande et plus agréable, que j'i-
gnorais complétement leur présence en ce lieu.
Bientôt, toute la population se trouve réunie autour de nous : tous veulent nous prodiguer les
marques de leur bonne amitié, mais les petits
enfants se distinguent de tous les autres par
leur ardeur et leur empressement. Les uns nous
apportent le thé, les autres préparent le feu pour
faire cuire le riz, ceux-ci vont cherchez des nattes
pour nous faire un lit pour y passer la nuit.
Comme nous n'avions que quelques instants
à rester en ce lieu, nous les remerciâmes
de leurs soins empressés, et nous nous dis-
posâmes à continuer notre route; mais alors
les voilà qui s'arment de torches allumées et se

jettent en avant pour nous conduire, à la lueur
de leurs flambeaux, jusqu'au gîte où nous devions nous arrêter, et cela, en présence de tous
les païens qui, surpris de l'entrain qui régnait
entre nous, répétaient entre eux ces paroles :
*Voyez comme ces enfants aiment leurs maîtres,
et comme ils en sont aimés !* »

Il y avait en effet quelque chose de touchant
dans cette rencontre inopinée, qui avait lieu au
milieu de la nuit, et qui nous montrait ces enfants récitant leurs prières et fidèles à leurs
devoirs, même parmi les idolâtres dont ils sont
environnés. Si la vie du missionnaire a ses
peines et ses dangers, il faut convenir qu'elle
a bien aussi ses charmes et ses consolations, et
je ne sais si grand nombre de prêtres, en Europe,
ne seraient pas tentés de nous envier ces ren-
contres et ces adoucissements qu'ils ne trouvent
pas dans l'exercice de leur ministère ! Or, que
nous doublions, que nous triplions le nombre
de nos écoles, nous augmenterons dans la même
proportion les heureux résultats que nous en
retirerons. Élevés dans ces ailes de la religion
et de la paix, nos enfants s'enracineront dans
leurs bons principes et deviendront eux-mêmes
des instruments dont Dieu se servira pour répandre autour d'eux la bonne semence de l'Évan-

gile, semblables à ces jeunes arbres qui, plantés
en un terrain fertile, y puisent chaque jour
une sève nouvelle et donnent naissance à quantité d'autres, qui croissent autour d'eux et font
la richesse et l'ornement de nos campagnes.

Déjà, je crois vous l'avoir dit dans une de mes
précédentes lettres, c'est l'érection d'une école
qui nous a ouvert les portes de Sancian, et qui
nous a valu les premières marques de bienveillance de la part des habitants. Arrivant la première fois dans l'île et me trouvant entouré
d'une troupe d'enfants, curieux de voir les objets européens que j'avais avec moi, ma montre,
un petit couteau avec une scie, un mouchoir
orné de différentes figures, toutes choses qu'ils
n'avaient point encore vues et qu'ils dévoraient
de leurs petits yeux de lynx, je leur demandai
s'ils étudiaient?—« Oh ! non, Père, me dirent-ils,
nous sommes pauvres, nous n'en avons pas les
moyens ! — Mais, voudriez-vous étudier ! —
Oh ! oui, mais nos parents sont pauvres, et nous
n'avons pas d'école ! — Eh bien, leur dis-je,
quand nous aurons élevé la chapelle sur le tombeau de Saint-François-Xavier, alors, si vous êtes
sages, je bâtirai une école pour vous, et je ferai
venir un maître pour vous instruire. « Et à peine
avais-je prononcé cette parole, que la nouvelle

s'en répandit d'un bout de l'île jusqu'à l'autre.
De toutes parts, on venait s'informer si la chose
était bien réelle, et quand on nous vit mettre
la main à l'œuvre, quand on vit les constructions s'élever, dès lors, parents et enfants, tous
furent gagnés à notre cause. Aujourd'hui l'ouvrage est terminé : l'école se présente gracieusement au milieu des villages païens qui en sont
tiers : un certain nombre d'enfants y reçoivent
les premiers principes du Christianisme et de
la langue du pays, et cette œuvre, en les atta-
chant à nous, sera certainement une de celles
qui contribueront le plus à répandre la religion
dans l'île et à convertir à la foi chrétienne ses
dix ou douze mille habitants infidèles.

Et, comme si c'était par le même moyen que
dût se régénérer toute cette partie de la mission,
grâce sans doute à l'intervention du glorieux
Saint-François-Xavier, de toutes parts sur ce lit-
toral se manifeste le désir d'avoir des écoles. A
Sancian, après en avoir établi une pour les petits
garçons, on vient nous en demander une autre
pour les petites filles, avec une vierge chinoise
pour les diriger. Déjà le terrain est acheté, car
il ne faut pas laisser échapper de si belles occa-
sions, quand elles se présentent; mais nous
attendrons pour bâtir que les fonds soient prêts :

ce qui sans doute aussi arrivera un peu plus tard et en son temps !

Sur le continent, vis-à-vis Sancian, même empressement. Là, pendant la guerre des Poun-ti et des A-kas, ayant acheté à un prix très-modique, une belle tour qui domine tous les environs, et qui, jadis, avait un droit de suzeraineté sur les Tours et Pagodes du pays, les païens aussi bien que les chrétiens nous prièrent avec instance d'y établir une école. Nous nous empressâmes de souscrire à leur désir, et aujourd'hui nous avons en ce lieu une belle et vaste école, fréquentée par les enfants du village qui ne compte pas moins de dix mille habitants. Là, où jadis nos pauvres chinois venaient se prosterner devant leurs idoles de pierre et de bois, on ne voit plus aujourd'hui que les objets sacrés du culte chrétien : on n'entend plus que les leçons du catéchisme et les accents de la prière, et cette heureuse transformation n'est encore que le prélude du bien plus considérable qu'il nous est permis d'espérer de cette intéressante population. Mais la Tour, toute belle et toute vaste qu'elle est, a besoin de réparations : la flèche qui s'incline de vétusté, et par suite des dégâts de la guerre, demanderait à être relevée. Bien plus, pour que l'œuvre fut complète, il faudrait à côté de l'école, une petite habitation pour le missionnaire qui doit y venir de temps en temps, et surtout une chapelle, où les enfants pussent se réunir, pour remplir leurs devoirs de piété et se former aux douces habitudes du service de Dieu. Or, ce lieu est trop intéressant ; il jouit d'une trop grande considération aux yeux de toute la contrée, pour que nous ne prenions pas tous les moyens de le conserver, et d'en faire comme un des fanaux de la religion chrétienne dans tout le pays, et j'espère bien que la Sainte-Enfance ne repoussera pas une œuvre si digne de ses soins.

Plus loin, voilà un bon vieillard aux cheveux blancs, qui fait 10 lieues pour venir trouver le missionnaire et qui l'aborde avec ces paroles : Je suis maître d'école (profession toujours honorée en Chine) : depuis longtemps, (il avait soixante ans), j'étudie la doctrine de Confucius et je l'enseigne aux autres ; mais je n'y trouve rien qui satisfasse mon esprit et mon cœur, tandis que des livres chrétiens m'étant tombés entre les mains, j'y ai rencontré la vraie doctrine que je cherchais. Je comprends qu'il n'y ait qu'un Dieu créateur et conservateur de toutes choses ; que l'homme, sur la terre, soit appelé à l'honorer et à le servir, et qu'après cette vie, il soit récompensé ou puni, suivant qu'il aura plus ou moins bien rempli sa destinée ici-bas. Je veux donc me faire chrétien, et, une fois chrétien, je ne demande plus qu'une chose, c'est de consacrer le reste de mes jours à enseigner cette religion sainte que j'ai connue trop tard, mais que je serais heureux de propager parmi mes compatriotes. » — Et, en proférant ces paroles, de grosses larmes tombaient de ses yeux, et tout son extérieur humble et respectueux témoignait assez de la sincérité avec laquelle il parlait. Or, n'est-ce pas là encore une bonne fortune que le ciel nous envoie? Et n'est-ce pas le cas d'établir en faveur de ce nouveau propagateur de la foi chrétienne une nouvelle école, où il ne pourra que déployer son zèle, et amener à la connaissance du vrai Dieu quantité d'enfants, qui nous devront le bienfait de leur régénération à la vie de la grâce?

Et combien d'autres traits semblables ne pourrions-nous pas citer? Depuis Sancian, jusqu'à l'extrémité de la province, c'est-à-dire sur un espace de quatre-vingt à cent lieues, ce sont partout les mêmes demandes, le même empressement : chose d'autant plus remarquable, que sur les autres points de la Mission, nous sommes loin de recontrer le même entrain. Profitons de si bonnes dispositions, tandis qu'elles existent! Nous ne savons pas si, demain, elles seront aussi, vives, aussi positives. Et puis, dirai-je que le protestantisme, apprenant le bon accueil qui nous est fait par ces populations, cherche à se mettre à notre place et leur fait des propositions qui, certes, sont bien autrement capables de les tenter que les nôtres. Or, lorsqu'au péril de notre vie, bravant tous les dangers qui se présentent, nous avons pu jeter sur cette terre inculte la bonne semence du salut, n'est-ce pas aussi à nous à en recueillir les fruits, et voudrions-nous permettre qu'ils nous fussent ravis par des étrangers, au moment même où nous sommes sur le point d'en jouir ? Non, évidemment, une telle détermination serait peu digne des Propagateurs de l'Évangile et de ceux qui se font nos aides et nos bienfaiteurs dans l'accomplissement d'une tâche si belle !

Donc, encore une fois, j'attirerai d'une manière spéciale l'attention de la Sainte-Enfance sur les nouvelles écoles qu'il y aurait à fonder dans la Province, ce moyen me paraissant un des plus assurés d'y produire un bien considérable. De mon côté, désirant favoriser, autant qu'il est en moi, une œuvre si utile et faciliter l'instruction de nos enfants, je viens de faire pour eux un petit travail qui, tout simple qu'il est, leur sera, j'espère, d'une utilité réelle : c'est la traduction de *l'Epitome historiæ Sacræ de Lhomond*, laquelle aura le double avantage de leur apprendre l'histoire si intéressante de l'ancien Testament, et de faire disparaître de l'enseignement de nos écoles, un vice radical, auquel je ne saurais voir nos enfants chrétiens soumis plus longtemps ; voici le point dont il s'agit :

On sait que la langue chinoise se compose d'un nombre presque infini de caractères, chaque mot ayant un signe particulier pour le représenter, absolument comme si, dans la langue française, nous avions autant de lettres différentes que de mots : ce qui rend l'étude de cette langue extrêmement longue et difficile. Un chinois y passera une dizaine d'années de sa vie, et encore ne pourra-t-il pas se vanter d'en connaître parfaitement tous les caractères : à peine en saura-t-il la moitié !

A cette première difficulté, déjà si grande, vient s'en joindre une autre plus grave encore ! Croirait-on que, pendant les trois ou quatre premières années de leurs études, nos jeunes Chinois apprennent uniquement l'intonation ou la prononciation des caractères sans en apprendre le sens.

Voilà donc ces pauvres enfants criant à tue-tête
dans leurs écoles, et chacun de son côté, le
son des caractères, sans savoir ce qu'ils signi-
fient ; et quand ils viennent réciter leur leçon
auprès du maître, chacun aussi en particulier,
ils se bornent uniquement à répéter le ton que
leur maître leur a donné ; et ils seront plus ou
moins forts, plus ou moins habiles dans leur
classe, selon qu'ils répéteront plus ou moins
fidèlement, à la façon des perroquets, le ton du
caractère, sans en comprendre la signification.
Et cela est si vrai que, si vous demandez à un
enfant qui vient de réciter sa leçon, ce qu'elle
signifie, il vous dira immédiatement qu'il n'en
sait rien, qu'il n'étudie pas encore le sens des
caractères, mais seulement le ton, c'est-à-dire,
la manière de les prononcer d'une façon plus ou
moins élevée, plus ou moins brève, plus ou moins
aspirée ou saccadée, le reste devant s'apprendre
plus tard !

Or, qu'arrive-t-il de là? C'est qu'un enfant,
pendant trois ou quatre ans, exercera journelle-
ment, constamment sa mémoire, sans que son
jugement s'exerce en rien, et une conséquence
toute naturelle de ce procédé est que la faculté
de l'âme qui aura été ainsi exercée, prendra un
développement et une force sensibles, tandis que

l'autre, laissée dans l'inaction, restera sans vigueur et sans ressort. Aussi, remarquons-nous que les Chinois, en général, ont une très-bonne mémoire, tandis qu'ils manquent de jugement, ou plutôt qu'ils manquent de l'habitude de se servir de leur jugement; et s'il en faut chercher la cause quelque part, elle ne peut se trouver ailleurs, ce me semble, que dans ce défaut de leur première éducation.

Je désirerais donc que, dans les écoles qui dépendent de nous, on renonçât à un abus si évident, pour adopter un mode plus rationel, c'est-à-dire, qu'en apprenant aux enfants le ton du caractère, on leur en apprît en même temps le sens, de manière à ce que la mémoire et le jugement s'exerçassent en même temps; ce qui serait plus logique en soi, et offrirait à nos enfants un moyen plus facile de s'instruire. Car combien de personnes manquant de mémoire, doivent sans cesse recourir à leur jugement, pour s'aider à fixer plus aisément les choses dans leur esprit. Il est évident, en effet, que lorsque ces deux facultés de l'âme agissent de concert, elles se prêtent un mutuel appui et obtiennent un résultat plus complet, que quand elles agissent séparément, c'est-à-dire l'une sans l'autre.

Néanmoins, quelque avantageuse que fût une

pareille réforme, son exécution n'était pas sans présenter quelque difficulté. Bien que nos chrétiens soient pleins de déférence et de soumission pour nous, nous avions ici contre nous les usages du pays, la force de l'habitude et surtout notre caractère d'étrangers, qui leur fait dire que, connaissant leur langue moins bien qu'eux, nous sommes également moins à même de juger quelle est la meilleure manière de l'apprendre et de l'enseigner. Or, pour surmonter plus aisément cette opposition et rendre la transition moins frappante, j'ai pensé que je pouvais très-facilement me servir de l'*Epitome historiæ sacræ*, en le donnant à nos petits enfants, qui seront enchantés de ce don, et en leur faisant une obligation, dans nos Écoles, de l'étudier à la manière indiquée plus haut, c'est-à-dire en apprenant à la fois l'intonation et le sens des caractères.

L'*Epitome historiæ sacræ* a, en effet, tout ce qu'il faut pour les intéresser et les instruire. Ils y trouveront ces récits si touchants qui ont fait le charme de notre enfance, comme l'histoire de Joseph et de Tobie, et de là à l'acceptation nette et franche du système proposé, il n'y a plus qu'un pas. Ils y apprendront, en outre, l'histoire de ces grands événements qui datent de l'origine des temps jusqu'à nous, la création du monde, la conduite de Dieu à l'égard des hommes, sa Providence, la manière dont il protége les justes et punit les méchants, la préparation à l'avénement du Messie promis, et tous ces faits si importants, si extraordinaires, bien appris, bien étudiés dans leur enfance, se graveront dans leur mémoire de manière à ne plus s'en effacer jamais!

Toutefois, si le petit *Epitome historiæ sacræ* est pour nos enfants d'Europe un livre parfait et un vrai chef-d'œuvre, comme plusieurs savants l'ont dit, néanmoins, il laisse pour nos enfants chinois un vide fâcheux, en ce sens qu'il passe sous silence plusieurs faits importants qu'il leur serait utile de connaître. Afin de combler cette lacune, je me suis attaché à rapporter tous les faits qui forment comme la suite et l'enchaînement de l'histoire sainte, ou qui, à raison des habitudes chinoises et de la position de nos enfants au milieu d'un pays païen, peuvent être un sujet d'instruction et d'intérêt pour eux. Ainsi, aux récits contenus dans le petit *Epitome* de Lhomond, j'ai ajouté les faits suivants :

1° Malédiction donnée par Noé à Cham et à sa postérité.

2° Construction de la Tour de Babel.

3 Confusion des langues et dispersion des peuples.

4° **Ruine** de Sodome et de Gomhorre.

5° Jacob mourant bénit ses enfants et leur an-
nonce l'époque précise de la venue du Messie,

6° Histoire de Job.

7° Histoire d'Élie.

8° Histoire d'Élisée.

9° Histoire de Jonas.

10° Ruine du royaume d'Israël.

11° Quelques circonstances de la vie de Daniel.

12° Courtes remarques sur les prophètes et leur
mission.

13° Histoire de Judith.

14° Préparation et venue du Messie.

Ce qui nous donne 50 nouveaux chapitres de
la grandeur à peu près, et de la même forme que
ceux de Lhomond. Ce travail fini, je l'ai remis
entre les mains de nos plus habiles lettrés chinois, afin qu'ils donnassent à cette traduction la
forme et la tournure demandées par le génie de
la langue du pays.

Puis, je l'ai fait imprimer en beaux et grands
caractères chinois, et en ai répandu quelques
exemplaires, afin de juger de l'effet qu'il produi-
rait. Or, il a été accueilli par nos chrétiens avec
le plus grand empressement, et, de toutes parts,
on venait m'en demander de nouveaux exemplaires, ou tout au moins l'autorisation de le

copier; ce qui me fait espérer, qu'avec la grâce
de Dieu, il pourra avoir quelque utilité, non-
seulement pour nos enfants, mais encore pour
nos chrétiens, en leur faisant connaître cette
belle et touchante histoire de l'Ancien Testament, qui est la base du Christianisme, et qui
nous montre, d'une manière si évidente, la conduite de Dieu à l'égard des hommes, et surtout la
préparation de la venue du Messie.

Bien plus, nos écoles, renfermant toujours un
certain nombre d'enfants païens, je ne doute pas
que ce petit ouvrage remis entre leurs mains,
et communiqué à leurs parents, ne soit pour
beaucoup un germe de conversion, en leur montrant la beauté, la simplicité et l'élévation de la
religion chrétienne, comparée aux absurdités et
aux fables ridicules du paganisme.

Si en cela, j'ai atteint le but que je me propo-
sais, néanmoins il restait encore, ce me semble,
quelque chose à faire. Pourquoi ne pas rendre
également en latin les nouveaux chapitres ajoutés
à Lhomond? Ceux de nos enfants chinois qui se
destinent à l'état ecclésiastique, et qui devront
apprendre la langue latine, auront là un ouvrage élémentaire qui leur facilitera grandement l'étude de cette langue en la mettant en
parallèle avec la langue chinoise. Puis, nos

jeunes missionnaires qui arrivent d'Europe, et qui souvent sont embarrassés pour se mettre en rapport avec les chrétiens et apprendre les premiers caractères, y trouveront également un puissant secours, pour surmonter ces premières difficultés. Nous nous sommes donc décidés, à faire en latin, le travail qui a été fait en chinois, nous rapprochant, autant que possible, du genre et de l'aimable simplicité du premier auteur. Jamais, en Europe, nous n'eussions osé ajouter un semblable complément à un ouvrage auquel, en réalité, il n'y a rien à ajouter; mais pour nos enfants chinois, et la position où ils se trouvent, la chose était, sinon nécessaire, au moins très-désirable, et c'est ce qui m'excusera, si toutefois on voyait quelque témérité à mon entreprise!

Ces deux petits ouvrages terminés, permettez-moi, Monsieur et très-honoré Directeur, de vous offrir le premier, c'est-à-dire la traduction de l'*Epitome historiæ sacræ*, dont je joins ici un exemplaire chinois.

Il vous revient de droit, comme au directeur de la Sainte-Enfance, au Père qui se dévoue avec un zèle si constant et affectueux au bien de nos petits païens. Veuillez, en même temps, l'agréer comme un témoignage de ma profonde et bien sincère reconnaissance. Le second, c'est-à-dire l'addition

des 50 chapitres en latin, sera pour mon bon et
digne professeur de sixième, le R. Père de Saint-
Aloüarn, qui y retrouvera un mémorial des leçons
que nous avons reçues de lui dans les premières
années de notre enfance. Je me rappelle, en effet,
avec quelle ardeur, sous sa sage et paternelle direction, nous nous adonnions à l'étude de la langue latine, jusque-là que les quatre ou cinq premiers de la classe possédaient la grammaire de
Lhomond d'une manière imperturbable et pouvaient faire un thème, non-seulement sans faute,
mais avec une certaine élégance qui était le seul
moyen de nous assigner nos places. Ce digne et vénérable Père aimait lui-même à me rappeler cet
ancien souvenir de collége, lorsque, il y a quatorze
ans, je revenais pour la première fois de Chine en
France. Puisse le petit présent que je lui destine
aujourd'hui, tout humble et modeste qu'il est, lui
faire également plaisir, sinon pour sa valeur in-
trinsèque qui n'est rien, au moins en lui montrant la respectueuse gratitude que lui conserve
un de ses anciens élèves, heureux d'avoir eu, pour
soigner son enfance, des maîtres si pieux, si dévoués, et dont le souvenir présente tant de charmes dans le cours de la vie.

Mais revenons au but principal de cette lettre,
qui est l'œuvre de la Sainte-Enfance, et, en parti-

culier, l'érection de nouvelles écoles dans la mission de Canton. Oui, c'est, je crois, un des moyens les plus propres à produire, dans ces pays lointains, un bien réel et durable, non-seulement en recueillant les petits enfants abandonnés, mais encore en favorisant l'établissement de la religion chrétienne dans ces contrées encore toutes païennes. Une école n'est pas sans exercer une grande influence autour d'elle, et un maître religieux, sans sortir de la sphère de ses attributions, peut contribuer énormément, soit à amener les païens à la connaissance de l'Évangile, soit à maintenir les chrétiens dans la pratique de leurs devoirs. Ne soyez donc pas surpris, Monsieur et très-honoré Directeur, que je recommande d'une manière spéciale, à votre pieuse sollicitude, cette œuvre si féconde en précieux résultats. Déjà elle a produit un bien immense parmi nous : recevez-en mes bien sincères remerciements; recevez l'expression de mes espérances pour celui qui est encore à faire, et agréez en même temps l'assurance des sentiments respectueux et dévoués que j'ai l'honneur de vous offrir, comme à notre digne et zélé collaborateur, dans la grande œuvre qui nous est confiée.

† Zéphyrin GUILLEMIN, Ev. Préf. apost.
Du Quang-Tong, et Quang-Si (Chine.)

Paris. — Imp. A.-E. Rochette, 90, boulevard Montparnasse.

www.ingramcontent.com/pod-product-compliance
Lightning Source LLC
Chambersburg PA
CBHW072054080426
42733CB00010B/2119